O ensino da gramática:
caminhos e descaminhos

2ª edição revista e atualizada

Lexikon | *obras de referência*

CARLOS EDUARDO FALCÃO UCHÔA

O ensino da gramática:
caminhos e descaminhos

2ª edição revista e atualizada

© 2016, by Carlos Eduardo Falcão Uchôa

Direitos de edição da obra em língua portuguesa adquiridos pela Lexikon Editora Digital Ltda. Todos os direitos reservados. Nenhuma parte desta obra pode ser apropriada e estocada em sistema de banco de dados ou processo similar, em qualquer forma ou meio, seja eletrônico, de fotocópia, gravação, etc., sem a permissão do detentor do copirraite.

Lexikon Editora Digital Ltda.
Rua Luís Câmara, 280 – Ramos
21031-175 Rio de Janeiro – RJ – Brasil
Tel.: (21) 2526-6800
www.lexikon.com.br – sac@lexikon.com.br

1ª edição – 2007

DIRETOR EDITORIAL
Carlos Augusto Lacerda

REVISÃO
Isabel Newlands

PRODUÇÃO EDITORIAL
Sonia Hey

DIAGRAMAÇÃO E CAPA
Filigrana Design

ASSISTENTE DE PRODUÇÃO
Vivian Pitança

IMAGEM DA CAPA: © Ekaterina Fribus | Dreamstime.com

CIP-BRASIL. CATALOGAÇÃO NA PUBLICAÇÃO
SINDICATO NACIONAL DOS EDITORES DE LIVROS, RJ

U19e
2. ed.

Uchôa, Carlos Eduardo Falcão
O ensino da gramática : caminhos e descaminhos / Carlos Eduardo Falcão Uchôa. - 2. ed., rev., atual. - Rio de Janeiro : Lexikon, 2016.
160 p. ; 21 cm.

Inclui bibliografia
ISBN 9788583000273

1. Língua portuguesa - Gramática. I. Título.
CDD: 469.5
CDU: 811.134.3'36

Todos os esforços foram feitos para encontrar os detentores dos direitos autorais das citações e poemas publicados neste livro. Nem sempre isso foi possível. Teremos o maior prazer em creditá-los caso sejam determinados.

Dedico este texto aos professores de Língua Portuguesa, especialmente aos que trabalham no dia a dia das salas de aula dos ensinos fundamental e médio, em meio a dificuldades de toda sorte, mas que não desistem de seu ideal. Espero, de alguma forma, ser útil a eles, como aos alunos dos nossos Cursos de Letras.

Não posso conceber a ideia de não dar aulas. É a única hora em que a minha vaidade se torna incontrolável, quando percebo aquelas 20 cabecinhas concentradas e o brilho nos olhos de cada um dos alunos. É uma comunicação direta: descobrir como sintonizar na onda do meu interlocutor.
(Leandro Konder)

O futurismo pede socorro a noções e conceitos mal assimilados de um determinado quadro teórico da linguística contemporânea, para suprir de novidades o vazio deixado pela falta de condições para uma reflexão séria. É o terrorismo contra o passado: buscam-se ideias, teorias nunca vistas, técnicas ultramodernas, cada um com a sua, em uma atividade furiosa e inconsequente. Nessa ansiedade, os conceitos nem chegam a constituir-se e já se distribuem para o consumo drogado do modismo intelectual. (Carlos Franchi)

Na ciência, a única aceitação verdadeira e profícua é a aceitação crítica. (Eugênio Coseriu)

Sumário

Apresentação 15
1. Uma situação antiga 19
2. A situação atual 23
3. A perplexidade do professorado 27
4. A validade da gramática no ensino da língua 31
5. Conceituação das distintas gramáticas 41
6. O papel da gramática-objeto no ensino 53
7. O papel da gramática como metalinguagem no ensino 63
8. Os diversos planos da gramática e o ensino 101
9. Criatividade e gramática 137
   Para outras reflexões 141
   Referências bibliográficas 145
   Sobre o autor 155

Apresentação

Já há um bom tempo que o ensino de Língua Portuguesa vem sendo objeto de variadas críticas e sugestões com vista à reconhecida necessidade de vir ele a contribuir mais eficientemente para se alcançarem resultados satisfatórios, habilitando os educandos à condição de leitores e produtores textuais proficientes, que é a finalidade do ensino de uma língua.

Este livro, em sua segunda edição, manifesta uma antiga preocupação do seu autor, na verdade, a sua linha de pesquisa acadêmica, desde os meados dos anos 1980: o ensino do Português, ressaltando e justificando sempre a contribuição imprescindível da fundamentação linguística, vale dizer, científica, para a prática pedagógica dos conteúdos deste ensino. Nunca é demais enfatizar a desejada e necessária formação científica de um professor de língua, com a qual, mais seguro, porque justamente bem fundamentado, passará a direcionar a sua atividade didática para um ensino de que possa esperar-se, enfim, um bom aproveitamento dos alunos concernente à compreensão e à produção textual. Esta visão fundamentada do agir linguístico será ainda de inegável valor na crítica, necessária, imprescindível mesmo, da ineficiência recorrente entre nós das aulas de Português. Poderão chegar assim os docentes à justa compreensão do porquê desta ou aquela atividade pedagógica ser improdutiva, só valendo, de fato, para o aluno ir bem numa prova e poder passar de ano. É profundamente desestimulante, no entanto, ainda mais quando essa crítica ao ensino de Português, com base em pressupostos da Linguística, remonta aos anos 1970, continuar apenas a levantar problemas, sem sugerir outros caminhos para redirecioná-lo.

O conteúdo mais problemático para significativo número de professores do vernáculo é, não de hoje, o da gramática, o que se pôde comprovar de maneira bem concreta com o contato, nos últimos anos, com professores dos ensinos fundamental e médio, em que se procurou, com constância, ouvi-los, em cursos de especialização, para manifestarem suas dúvidas, questionamentos e expectativas acerca da prática de tal conteúdo.

A situação evidenciada, em geral, é de perplexidade, de desânimo mesmo entre os docentes ante o ensino do conteúdo gramatical. A consulta a coleções didáticas adotadas atualmente nos foi também de inegável valia para mostrar a desorientação linguística e pedagógica que perpassa em algumas delas, num desserviço grave aos professores, sabida a sua importância sobre a ação pedagógica deles, tantas vezes, na realidade, o único material de ensino a que recorrem.

Apresentação

Sabe-se que, em muitos colégios, há uma separação rígida entre aulas de redação e aulas de gramática, com professores distintos, o que se constitui numa aberração linguístico-pedagógica. Na verdade, a gramática, antes de ser um "livro de etiquetas sociais" ou um manual descritivo, é, de início, um saber linguístico que todo falante possui, em elevado grau de domínio e perfeição Ela está presente em qualquer enunciado, por mais simples que ele seja. Trata-se de um pressuposto básico de que se valeu na organização desta obra. Por isso, não pode ser considerado como verdade que a gramática nada tenha a ver com o domínio da produção e da compreensão do texto.

Não sem razão, pois, *O ensino da gramática: caminhos e descaminhos* enfatiza a absoluta necessidade de o professor contar com uma fundamentação teórica consistente e bem sedimentada em relação à disciplina Gramática, seus conceitos essenciais (gramática-objeto e gramática como metalinguagem) e seus três planos de estudo (o da teoria, o da descrição e o da análise), longe, pois, de poder ser reduzida à distinção mais comumente explicitada entre gramática descritiva e gramática normativa.

Imprescindível ao propósito do livro é a discussão sobre a validade do ensino da gramática para o ensino da língua, discussão sim, porque nem todos os linguistas defendem a mesma orientação. Cremos que, a partir de todas estas considerações, já estarão os leitores com uma visão clara que lhes permita bem compreenderem a perplexidade, a falta de orientação, em que atualmente se encontra expressiva parte do magistério no tocante ao ensino gramatical. Cuidado especial mereceu, e tinha de merecer, o ensino normativo, ainda prevalente em nossas escolas, legítimo se entendido sempre como o ensino da variedade de maior prestígio social, frente às demais variedades, todas estruturas também legítimas do português, cada uma com suas regras próprias, sem se fomentar, como se dá com frequência, o preconceito linguístico, com ênfase na ideia de que qualquer texto que contém construções não abonadas pela gramática da variedade-padrão é um mau texto, constituindo o ensino gramatical então um verdadeiro "código de impedimentos".

Esperamos, com as reflexões aqui apresentadas, contribuir para, pelo menos, levar os professores e alunos dos nossos Cursos de Letras a repensarem este mundo atualmente de fato conturbado do ensino da gramática, encontrando, enfim, caminhos bem pavimentados.

1. Uma situação antiga

Uma outra força se manteve sempre, viva e operante na investigação levada a cabo acerca das formas linguísticas: foi a necessidade desinteressada de conhecer a estrutura e a urdidura do sistema de sinais de que nos servimos para objectivarmos e tornarmos claro, a nós e aos outros, o conteúdo de nossa consciência. (Antonino Pagliaro)

Em distintos países e épocas, as posições dos especialistas que lidam com a linguagem acerca do lugar que deve ocupar a gramática no ensino da língua oscilaram e ainda oscilam, pode-se dizer, entre dois polos. Em um deles estão os que julgam que a língua se aprende por observação e prática constantes, de sorte que, para eles, o estudo da gramática não contribui para a aquisição da escrita. Valendo-me da posição de um linguista brasileiro contemporâneo:

> Somos forçados a concluir que o estudo da gramática não oferece um instrumento para atingir o grande objetivo da língua portuguesa no primeiro e segundo graus ["levar os alunos a *ler* e *escrever* razoavelmente bem"]. (Perini, 1995: 27-28)

No parágrafo anterior desta sua obra, Perini já afirmara:

Assim, para estudar gramática com proveito, é preciso saber ler bem — o que exclui a possibilidade de se utilizar a gramática como um dos caminhos para a leitura. Creio que o mesmo vale, *mutatis mutandis*, para a redação.

No outro polo, situam-se os que creem ser imprescindível o conhecimento da gramática para uma prática eficaz do sistema linguístico em suas variadas possibilidades expressivas. Há, no entanto, focalizo a situação brasileira, entre estes estudiosos, para os quais, pois, "não é verdade que a gramática nada tem a ver com a produção e compreensão de texto" (Franchi, 1987: 42), uma atitude, em geral, negativa no tocante ao ensino da disciplina como frequentemente se pratica ainda entre nós, desde a crítica ao mundo conceitual inconsistente em que se apoia, aos próprios limites do seu campo de estudo, ao seu normatismo constante, tantas vezes fator de discriminação e repressão linguísticas, até à inadequação dos seus métodos de ensino, com destaque para a preocupação com o saber metalinguístico. Mais recentemente, fala-se, já agora numa crítica muito questionável, na gramática compor o "núcleo duro" ("hard") dos estudos linguísticos, em sua tríplice divisão tradicional em fonologia, morfologia e sintaxe, pela rigidez de suas regras, em oposição ao que os seguidores da análise do discurso denominaram "núcleo flexível" ("soft"), relativo aos enfoques do texto.

Tradicionalmente, o ensino de Língua Portuguesa no Brasil esteve sempre mais voltado para os conteúdos gramaticais, até mesmo por razões históricas conhecidas, como a influência do ensino do Latim, de longa tradição entre nós, com sua orientação essencialmente gramatical. Na verdade, no domínio da nossa língua, pensar na gramática como um conhecimento capaz de distinguir entre os que falavam bem a língua e os que a falavam mal (= não sabiam português) é uma ideia antiga e fortemente sedimentada, sobretudo a partir do século XIX, relegada a um segundo plano a reflexão sobre as qualidades do texto contextualmente relevantes (o tom descontraído, o apelo ao leitor, as imagens...), muitas das quais vão inclusive propiciar a utilização de regras distintas da gramática objeto do ensino. Assim, é de longe predominante, na tradição do ensino da nossa língua, a discussão, e, muitas vezes, a condenação, por exemplo, do emprego de uma concordância, de uma regência ou de uma colocação pronominal, em confronto com a atenção atribuída a problemas atinentes à organização formal e semântica de diversos gêneros textuais.

Pode-se dizer que esta representação da gramática, utilizada pela classe mais culta, identificada com o próprio conhecimento da língua, está presente até hoje na expectativa que a sociedade tem do saber dos profissionais da linguagem (incluídos, naturalmente, os professores) e do comportamento linguístico que deve nortear os falantes para poderem ser considerados cultos. É ainda, com base nesta representação de gramática, como instrução para o como agir linguisticamente, com o domínio da metalinguagem pertinente, que muitos professores se sentem seguros profissionalmente, competentes no seu mister.

Bechara (1985) aponta para uma mudança na sociedade, de uns tempos para cá, seguindo as pegadas de uma tendência mundial do após-guerra, que passou a privilegiar o coloquial e o expressivo, com reflexos no ensino da língua, que alargou a influência do coloquial dentro da escola.

2. A situação atual

Com a ampliação das pesquisas sobre as línguas, particularmente as direcionadas para o estudo do texto, sob enfoques teóricos diversos, este passa, nos últimos vinte anos, mais ou menos, a se fazer cada vez mais presente nos nossos livros didáticos, com tentativas de novas abordagens e com proposição de atividades diferentes. Na última década do século XX, até mesmo o Estado (MEC) intervém, através de programas específicos de avaliação do material didático (PNLD), com vista a uma mudança na concepção do que seja "ensinar língua materna". Os critérios de avaliação das coleções didáticas privilegiam, claramente, os manuais que ofereçam ao aluno textos diversificados e heterogêneos, de tal forma que a coletânea seja o mais representativa possível do mundo da escrita contemporânea. Praticamente, todas as publicações, um elenco já altamente extenso, direcionadas para o ensino do Português, reiteram a necessidade de que este deve ser centrado no texto. Tal posicionamento em si é o desejável, porque, na verdade, é nos textos que a língua, sistema abstrato, se atualiza como um conjunto de formas que, somente nos textos, alcança a construção de um sentido. Como pondera Coseriu (1977: 207), a linguagem como tal tem, ou é, significado, mas não sentido. No entanto, ela possibilita sentidos de todo tipo, que só aparecem nos textos. Por isso, esclarece o linguista romeno, os textos não podem ser interpretados simplesmente como manifestações da linguagem como tal, mas como uma modalidade superior dela, que se converte em expressão para conteúdos de outro nível, os sentidos.

Paralelamente, foi-se ampliando, de umas quatro décadas para cá, em razão do desenvolvimento de diversas correntes linguísticas, quer entre linguistas, quer mesmo entre professores de Língua Portuguesa, a referida atitude negativa em relação ao ensino da gramática, mais frequentemente contra o ensino da gramática normativa, visto como "restritivo", "limitante da criatividade". Não há dúvida de que a gramática normativa – que tem, quero salientar logo, o seu lugar no ensino, como adiante defenderei – vem sendo quase sempre mal utilizada, de maneira prejudicial

> em uma doutrina absolutista, dirigida mais ou menos exclusivamente à "correção" de pretensas impropriedades linguísticas dos alunos. A cada passo, o aluno que procura escrever encontra essa arma apontada contra sua cabeça: "Não é assim que se escreve (ou se fala)", "Isso não é português" e assim por diante. Daí só pode surgir aquele complexo de inferioridade linguística tão comum entre nós: ninguém sabe português – exceto, talvez, alguns poucos privilegiados, como os que

2. A situação atual

se especializam em publicar livros com listas de centenas ou milhares de "erros de português". (Perini, 1995: 33)

Neste quadro atual, vive o professorado de Português uma situação bastante incômoda, desconfortável. As opiniões de respeitados estudiosos, parece-me a grande maioria, convergem para a posição de que o ensino de Português deve privilegiar o texto com as novas contribuições da Linguística atual, focalizando gêneros diversos, embora talvez a maioria do professorado tenha, à falta de fundamentos teóricos e metodológicos consistentes, direcionados para o ensino da leitura e da produção textual, de se ater às atividades propostas pelos livros didáticos, que deixam quase sempre a desejar.

Uma breve, porém expressiva ilustração. Alves (2003: 62-74), em um excelente capítulo sobre a utilização de poemas em vários manuais escolares, nos apresenta um panorama desalentador. Mostra-nos que os modos de abordagem de tais textos se agrupam, em geral, em três núcleos:

a) o que limita a interpretação do poema;
b) o que se vale do poema como pretexto para o estudo gramatical;
c) o que considera o poema como estímulo para a produção escrita.

Ressalta ainda ele que há problemas relativos à qualidade estética dos poemas, à adequação ao leitor a que se destina, mas, sobretudo, como ficou explicitado acima, ao modo de abordá-los, em geral, em seu restrito número.

No entanto, sabemos todos, que estamos em contato com professores dos ensinos fundamental e médio, que o conteúdo programático que é ainda mais exigido pelas escolas (e por muitas famílias) é o de tópicos gramaticais, dispostos em sequência de série para série, sem um critério linguístico e pedagógico justificado convincentemente. Ademais, em muitos colégios, há uma separação rígida entre aulas de gramática e aulas de redação (e até aulas de leitura), com professores distintos, o que reforça institucionalmente o destaque a ser atribuído ao estudo da gramática como conteúdo autônomo. De sorte que o ensino da gramática, em moldes no fundo tradicionais, com base em numerosos depoimentos que colhi de professores, nestes últimos anos, e com o olhar crítico sobre algumas coleções didáticas hoje adotadas, e apesar de muito se apregoar o primado do ensino do texto (leitura e produção), continua sendo predominante nas aulas de Português, predominante e problemático.

3. A perplexidade do professorado

Não é de se estranhar a constatável perplexidade do professorado de hoje ante o ensino da gramática. É, de larga data, o objeto central do ensino de Português, objeto que, no entanto, passou a ser, há algum tempo, contestado por numerosos estudiosos da linguagem.

Neves (1990: 8), em suas Primeiras Palavras sobre o "Mundo" da Gramática, imaginou o que os professores das nossas escolas gostariam de verbalizar, ao iniciarem suas aulas de gramática, "um compartimento muito complicado":

> Meus alunos, nada de gramática normativa. Já se falou o suficiente, por aí, para que ninguém se ponha a destilar as abomináveis regras de boa linguagem. Seria bom se eu pudesse simplesmente ensinar gramática normativa, porque ela lhes daria as normas que lhes permitiriam falar bem, que é o que (eu acho, mas não digo) é meu dever fazer. Mas isso, *não pode*! Afinal, tenho ouvido em meus Cursos de

> Treinamento que saber a língua não é saber gramática. E mais: que gramática não é regra de bem-dizer. E, por isso, não sei bem o que faço aqui dando aulas de gramática. Se a ensino para que vocês saibam escrever bem e corretamente, mas não posso dar normas, por que as aulas de gramática?
> Mas a gramática está no Programa e está nos livros didáticos. Vamos a ela... seja como for: apesar da pouca graça que tem, e, especialmente, apesar de eu não saber muito bem o que ela é.

Este texto traduz muito bem a desorientação reinante, no momento, certamente em boa parte do magistério no tocante ao ensino da gramática. Na verdade, não sabe o que é gramática ou persiste na visão redutora de gramática como gramática normativa, mas recebeu orientação contra o ensino dela, não conseguindo assumir posição crítica em relação a ele: deve mesmo ser suprimido? Gostaria que não fosse, pois é nele que acredita e só com ele sabe conduzir o ensino. A distinção entre gramática normativa e gramática descritiva não parece ter sido compreendida. Daí o desalento pelo ensino da gramática, o desestímulo para despertar no aluno a curiosidade intelectual para tal estudo, que reflete o desestímulo, em geral, pela própria disciplina Língua Portuguesa, pelo enfado que as atividades concernentes a ela causam em alunos e professores (Neves, 1990: 45).

Não sem razão, pois, vários estudiosos brasileiros de prestígio vêm, nos últimos vinte anos, procurando responder indagações fundamentais sobre o ensino gramatical: a sua real validade, que gramática ensinar, como orientar a sua prática pedagógica. Com efeito, desde o final dos anos 1980, inúmeras têm sido as obras publicadas, sem contar capítulos de livros, artigos, entrevistas, além de dissertações e teses elaboradas na Universidade, que se propõem a focalizar, redirecionando-o, o ensino da gramática. Citemos apenas alguns de seus autores, cujos livros ou ensaios pudemos ler: Bechara (1985), Luft (1985), Franchi (1987), Neves (1990, 2001 e 2004), Perini (1985, 1995 e 1997), Possenti (1996), Travaglia (1996 e 2003) e Azeredo (2000). Evidentemente que tais estudos, entre tantos outros, são desconhecidos da maior parte do professorado brasileiro, que deles, pois, não tem podido se valer, para repensar o ensino gramatical e nele tentar vir a introduzir alguma mudança mais significativa.

4. A validade da gramática no ensino da língua

Mas, afinal, eis a indagação de que não posso fugir nesta exposição: que valor atribuo à gramática como meio no ensino da língua? Já Lenz, em texto de 1912 (*in* Piccardo, 1956: 6), respondia:

> Querer aprender una lengua por el estudio de una gramática es como aprender a tocar el violín leyendo tratados de música y métodos de violín sin tomar el instrumento, sin ejercitar los dedos.

Seguramente é absurdo supor que não se fala corretamente uma língua até que se escreva sua gramática. Os grandes clássicos gregos não a utilizavam, muito antes da criação da gramática? Só com Dionísio da Trácia (século II-I a.C.) é que se passa a contar com a primeira descrição mais ampla publicada no mundo ocidental: a do grego ático. E os povos que ainda não a têm, não falarão corretamente suas línguas? Esta constatação não significa que não se valha da gramática inconscientemente ao se falar ou escrever uma língua. É obedecendo a um instinto artístico e idiomático, geralmente subconsciente, que escreveram e escrevem os grandes escritores.

E se a indagação for outra, mas de todo pertinente e mesmo necessária ao desenvolvimento deste texto: pode-se chegar a falar e a escrever com fluência pelo estudo da gramática, de acordo sobretudo com uma norma de maior prestígio que tantas sociedades possuem? Ou em outras palavras: o falar, como assinala Coseriu em várias passagens de sua profícua obra, obedece a uma *técnica*, um saber fazer, ao passo que a gramática representa uma *tecnologia*, um saber como fazer. Então, a indagação seria: é possível alcançar o domínio de uma técnica pelo estudo de sua tecnologia? A resposta não parece difícil. A gramática, por si só, evidentemente não é suficiente para a aprendizagem prática da língua, porque o saber falar uma língua não é só ter competência gramatical (domínio de regras) correspondente a esta língua, é, ao mesmo tempo, ainda no domínio do saber idiomático, competência léxica e o que Coseriu chama de discurso repetido (1980:107), que compreende tudo o que, na fala de uma comunidade, se repete tal e qual, como discurso já produzido ou combinação mais ou menos fixa, como fragmento, longo ou curto, do "já falado", abrangendo o domínio de refrões, provérbios, frases feitas, pertencentes a variedades linguísticas diversas, que se situam também no nível do saber idiomático. Mas saber falar uma língua pressupõe ainda o saber elocucional e o saber expressivo, na tricotomia, ao lado do saber idiomático, proposta por Coseriu (1980, cap. 10 e, especialmente, 1992).

O saber elocucional corresponde ao saber falar em geral, independentemente da língua, ou seja, um saber válido para todas as línguas. De acordo com o saber elocucional, uma expressão linguística será congruente ou incongruente, se estiver ou não em conformidade com o conhecimento geral do mundo e com os princípios gerais do pensar. Assim, quando uma aluna do curso supletivo escreve "O medo das pessoas é sempre quando sai sozinho", o período dela é incongruente, pois apresenta problema no plano da ordenação das ideias. O verbo *ser* é definitório, e *quando* traduz noção de tempo. A aluna deveria, para se expressar com congruência, dizer, por exemplo, "O medo das pessoas *é sempre mais forte* quando sai sozinho", ou, se quisesse enfatizar mais a circunstância de tempo, optar por uma construção com outro verbo, como "O medo das pessoas *se dá (ou acontece)* sempre quando sai sozinho". Chama ainda a atenção o predicado "sai sozinho", que se referiria a medo, e não a *pessoas*; mais provavelmente, no entanto, houve falta de atenção da aluna, pois, em continuação, escreveu: "quando sai sozinho ou às vezes acompanhadas...". Este exemplo, que se está comentando, me fez lembrar da prova de um aluno do Instituto de Letras da UFF. Ele escreveu, em resposta a uma questão: "O morfema é quando...", ao invés, digamos, de "O morfema *é a menor unidade significativa da língua*", ou "*Tem-se um morfema quando...*".

Já o saber expressivo corresponde ao saber organizar textos em circunstâncias determinadas. De acordo com o saber expressivo, uma expressão linguística será adequada ou inadequada em relação ao destinatário, ao objeto do ato de fala e a uma situação específica. Perguntar a alguém (destinatário), sabidamente de baixa escolaridade, se a dor que está sentindo é "intermitente", é certamente ter um comportamento linguístico inadequado ao interlocutor. Deve-se distinguir a adequação da correção, tantas vezes confundidas. A adequação reporta-se sempre ao falar em dada situação, enquanto a correção diz respeito ao domínio do saber idiomático, incluindo, pois, o das regras gramaticais. As estruturas *As moças bonitas* e *As moça bonita* coexistem na língua; a primeira é própria do nível culto, a segunda, do nível popular. Ambas estarão corretas se empregadas, respectivamente, por um falante escolarizado e por um falante de limitada escolaridade, que terão adotado a norma linguística própria dos seus grupos sociais. Uma pessoa culta, de quem se espera certo comportamento linguístico, falará incorretamente se vier a dizer, por exemplo, "cidadões" ou "se eu querer", pois estes exemplos não são condizentes com a norma a ser utilizada por uma pessoa culta.

A atividade linguística, por ser justamente atividade, atividade livre e finalística, exige, para o falante saber ler e produzir textos diversificados, prática constante, vale dizer, leitura orientada e exercícios de expressão comentados, o que não significa que a gramática, entendida, por enquanto, aqui, genericamente, como parte do estudo *sobre* a língua, seja de uma ocorrência textual, seja, em turma mais avançada, da descrição de uma classe ou categoria idiomática, deixe de ter a sua inegável utilidade. Recorrer mesmo, por exemplo, aqui e ali, a algumas das regras de concordância ou até de acentuação gráfica (que não faz parte da gramática) pode

4. A validade da gramática no ensino da língua

abreviar o caminho da aprendizagem ou fixação de uma estrutura sintática ou de uma convenção ortográfica, por influência da fala do professor ou pela prática da observação orientada da leitura de textos.

Além do mais, tornar consciente – eis certamente um ponto fundamental – o meramente intuitivo será sempre de grande valia na atividade pedagógica. Coseriu (1989: 34), entre tantos outros pensadores, enfatiza que

> la finalidad de la enseñanza debe ser el manejo reflexivo, por parte de los alumnos, tanto de lo ya sabido como de lo aprendido.

Com efeito, a finalidade primordial de todo ensino digno de ser assim chamado não é a de levar o aluno ao plano da consciência e da razão do que era só automatismo e atividade subconsciente? Como o ensino da gramática, ensino que conduz à reflexão sobre os recursos estruturadores e funcionais da língua, ensino não identificado, obviamente, com o ensino da metalinguagem, pode não contribuir para um melhor domínio destes recursos idiomáticos, se ele nos leva a ter consciência das variadas unidades e construções de que dispõe uma tradição idiomática para expressar ideias e matizes significativos?

Assim, por que prescindir da gramática, desde o início da escolaridade, sobretudo com base em ocorrências textuais, particularmente em atos linguísticos dos próprios alunos, como adiante se ilustrará mais, já que logo nos primeiros exercícios de expressão verbal, oral ou escrita, o professor vai defrontar-se com problemas de natureza gramatical? O recurso, maior ou menor, a considerações gramaticais vai variar na dependência do nível dos alunos, das suas dificuldades mais constantes, o mais das vezes características do seu falar de origem. Pode-se dizer que, ao longo do ensino fundamental, quando a aprendizagem deve assumir caráter eminentemente prático, através da produção e interpretação de textos, visando, pois, a alargar o conhecimento da língua, e não sobre a língua, o lugar da gramática será secundário, embora num alcance variável, sempre de acordo com a capacidade de cada turma para lidar com considerações sobre a língua. Já no ensino médio, última oportunidade que se oferece ao alunado de adquirir um conhecimento mais reflexivo do sistema da língua, o ensino da gramática deve, em princípio, passar a ocupar um lugar mais importante, de maneira que os estudantes possam terminar seus estudos com um maior grau de consciência da ampla variedade dos recursos da língua colocados à sua disposição para a construção do sentido textual, num trabalho bem dirigido de sistematização gramatical, com vistas, pois, à competência do saber selecionar entre tais recursos os que mais lhes pareçam adequados a suas intenções expressivas e ao estilo de língua com que caracterizar um texto. Em suma, almeja-se dos alunos uma compreensão aceitável da estrutura e do funcionamento da língua.

Não vejo, assim, como o estudo gramatical nada tenha a contribuir com a produção e a leitura do texto, "se ela [a gramática] está na frasezinha mais simples que pronunciamos" (Franchi, 1987: 42). Através de observações acumuladas e sistematizadas, ao longo do ensino, trabalhadas em vários textos, inclusive dos alunos, podem os mesmos

4. A validade da gramática no ensino da língua

melhor compreender o emprego, por exemplo, de um adjetivo ou o uso mais adequado dele (antes ou depois do substantivo, digamos) em suas produções orais e escritas. Será, então, certamente, do seu conhecimento, a partir de certo momento do processo escolar: que o adjetivo, como nome ou pronome, funciona como elemento determinante ou modificador do substantivo, como nome ou pronome; que as formas, em português, através das quais ele exerce tal função podem ser uma palavra, uma locução, uma oração e até mesmo um sufixo, como em "Aí te mando um livreco", com o sufixo – *eco* a significar *má qualidade*, um *livro de má qualidade*; que as funções que desempenha são as de adjunto adnominal, predicativo e aposto, nesta última função em uma frase como "Olha, coitada, como ela hesita"; que a colocação pode ser anteposta ou posposta ao substantivo, com valores semânticos, às vezes, inteiramente distintos (*rapaz pobre* e *pobre rapaz*), além da possibilidade, de grande valor expressivo, de aparecer, na frase, em verdadeira aposição, como se dá com "coitada", no exemplo acima citado; que, por fim, sem se esgotar o conhecimento sobre o adjetivo, pode dar-se, na combinação sintática de certos substantivos e adjetivos, o reflexo semântico do substantivo sobre o adjetivo modificador: assim, em "história universal", o sentido do adjetivo é puramente intelectual, ao contrário de quando dizemos "Este remédio tem fama universal", caso em que o substantivo *fama* comunica ao adjetivo *universal* um pouco do seu alvoroço e do seu mistério. As duas palavras conspiram para nos darem uma ideia de intensidade, e esta vai sempre acompanhada de rebates de sentimento (Lapa, 1959: 118). A meta a ser atingida não é o mero reconhecimento, por exemplo, de termos um adjetivo representado por uma palavra ou por uma oração, em ambas as estruturas com a função de adjunto adnominal. O que se deve almejar é bem mais do que esta análise formal e funcional do estudo do adjetivo. Ante construções como "Pessoa esperta leva vantagem" e "Pessoa que é esperta leva vantagem", o aluno deve saber precisar qual a diferença semântica entre elas, ressaltando a ênfase que a oração adjetiva encerra, o que não acontece com a palavra adjetiva *esperta*.

Reiterando, não vejo, por conseguinte, como o ensino da gramática não seja propício para tornar a prática de uma língua mais eficaz. Não que as críticas já exaustivamente feitas a este ensino, às quais me reportei brevemente no início deste texto, careçam de validade. Confinado, pode-se dizer, ao ensino do saber metalinguístico — definições, classificações dos elementos constitutivos da língua, descrições ou prescrições — e a um ensino ainda normativo absolutista, o ensino gramatical tem-se mostrado comprovadamente improdutivo, por pouco contribuir para a maior eficiência da prática da leitura e da produção textual, e mesmo enfadonho, pela sua previsibilidade, com tópicos gramaticais reiterados ao longo de todo o processo escolar.

Se se defende aqui o ensino da gramática, a sua pertinência na formação de leitores e produtores textuais competentes, é de todo necessário, antes de mais nada — certamente o grande problema! — reorientá-lo, fundamentando-o consistentemente. Para tal, é preciso que se detenha a determinar o valor das distintas gramáticas e dos diversos planos de seu estudo em relação ao ensino.

4. A validade da gramática no ensino da língua

Antes de focalizar estes dois pontos essencialíssimos, não queríamos deixar de ressaltar, independentemente da relação entre gramática e prática da língua, um ponto da mais alta relevância: o valor humano, formativo, da gramática, como tão bem explicitou o notável linguista italiano Pagliaro (1967: 300-1):

> Conduz a mente a refletir sobre uma das criações mais maravilhosas do homem: a conhecer a estrutura e o funcionamento de signos dos quais se serve para objetivar e aclarar ante si mesmo e os outros o conteúdo de sua consciência.

5. Conceituação das distintas gramáticas

A conceituação das distintas gramáticas é o primeiro ponto a se ter de firmar para se pensar num adequado redirecionamento do papel do estudo gramatical no ensino da língua. A gramática, sabe-se, passou a ser nomeada, com o desenvolvimento dos estudos linguísticos, através de vários adjetivos, não deixando de causar compreensiva confusão entre muitos professores: normativa, descritiva, estrutural, gerativa, funcional, de uso, teórica, geral, internalizada, entre outras denominações. Este elenco de designações reporta-se, na verdade, a objetos bem distintos. Ou a objetos que se pautam por modelos teóricos diferentes, como a gramática estrutural e a gramática gerativa, ambas gramáticas descritivas, ou a objetos concernentes a níveis linguísticos diversos, como a gramática geral e a gramática descritiva.

Com base nos três níveis da linguagem, preconizados por Coseriu – o universal, o histórico e o individual (1980, cap. 10) – ter-se-á, respectivamente, em relação à disciplina gramática: a gramática geral ou teórica, a gramática descritiva dessa ou daquela língua, ou, mais precisamente, de uma variedade dessa ou daquela língua, e a análise gramatical de determinado texto.

Cabe a uma gramática geral fundamentar uma teoria gramatical, cujo propósito consiste em definir as chamadas partes do discurso, as categorias, as funções e os procedimentos gramaticais. O que é um nome, um verbo ou um pronome, como definir as categorias de modo ou de aspecto, como caracterizar os processos de coordenação e subordinação, todas essas são tarefas de uma gramática geral. Já uma gramática descritiva, orientada por postulados teóricos, é que irá dizer, por exemplo, se certa categoria se acha ou não representada numa língua e, em caso afirmativo, precisar-lhe as formas de expressão e as funções que pode desempenhar. É inteiramente equivocado querer definir, por exemplo, "o tempo em português". A definição do tempo terá de ser a mesma para o português e para o inglês, ou para qualquer outra língua, mas a descrição do tempo é bem distinta nas duas línguas mencionadas. Na descrição de português, qualquer gramática indicará os tempos verbais com que ele conta, cada um com a sua marca formal (seu morfema) e com os valores que eles traduzem. Por fim, no nível individual, que é o nível do texto, a tarefa da gramática é a análise, ou seja, os valores gramaticais expressos em ocorrências textuais, como o caso de explicitar, em um texto do português, o valor de certa forma verbal (em "Vou a Roma, depois sigo para Paris", por exemplo, o valor de "tempo futuro, mas próximo", expresso em *vou* e *sigo*) e apontar o recurso utilizado para sua expressão (no caso, o recurso a formas de presente). Será sempre no nível do texto que iremos precisar o valor ou a acepção do tempo e modo de uma forma verbal ("Ela teria, na época, os seus quarenta anos"), de um artigo ("O homem é mortal"), de um possessivo ("O professor está hoje num dos seus dias"), de um pronome pessoal átono ("Escutei-lhe a voz"), de um adjetivo ("Ela está fraquinha, fraquinha"), de uma interrogação ("Afinal, fiz bem ou não em falar com ele?"), para me ater a estes exemplos.

Os linguistas costumam fixar-se mais na distinção entre gramática normativa e gramática descritiva, falando alguns ainda, como que opondo a estas duas, em gramática internalizada (Possenti, 1996: 69-72).

Estes três conceitos de gramática, no entanto, não devem ser apresentados em oposição, porque a oposição fundamental é bem outra, reside entre gramática

> como técnica del hablar, precisamente, como la técnica libre y de validez general (es decir, no condicionado situacionalmente), correspondiente a una lengua determinada, que se pone en obra al hablar sobre "la realidad" ya organizada mediante las "palavras" de la misma lengua (= gramática como dada en el lenguaje mismo: "gramática-objeto" o GRAMÁTICA1) y como la descripción o investigación de esta técnica (= gramática como metalenguaje o GRAMÁTICA2). Como tal, la gramática incluye exclusivamente las (o se refiere exclusivamente a las) operaciones y combinaciones de la lengua que van allá de la estructuración primária ("léxica")

de la realidad extralingüística [...]. Por otro lado, abarca en los dos sentidos, tanto las estructuras materiales como las funciones de la lengua que corresponden a la técnica en cuestión. (Coseriu, 1978: 130)

Coseriu restringe, assim, a gramática aos aspectos sistemáticos do plano do conteúdo, não levando em conta, pois, a fonologia, numa posição que não é a prevalente entre os linguistas. Na verdade, não há razão por que o plano da expressão, ou fônico, fique fora da gramática. A segmentação de um vocábulo fonológico em sílabas e fonemas deve ser também objeto do estudo da gramática.

Entendo, como tantos outros estudiosos atuais da linguagem, que o campo da investigação da gramática vai desde o estudo dos fonemas, no plano da expressão, e desde o estudo dos morfemas, no plano do conteúdo, estendendo-se neste àquelas funções idiomáticas que vão além dos limites do período, como os procedimentos anafóricos ou outras formas de conexão entre períodos (o que tem sido chamado de análise transfrástica), ultrapassando, deste modo, a área de estudo da gramática tradicional, de origem greco-latina, do estruturalismo e do gerativismo, que não focalizam as relações entre os períodos. Como adverte Coseriu (1977: 254):

> Pero, en este caso, no se trata del texto como plano del lenguaje en general, sino del texto como plano (posible) de la estructuración gramatical de las lenguas. La investigación aludida pertenece por lo tanto a la lingüística de las lenguas, no a la lingüística del texto.

5. Conceituação das distintas gramáticas

Não vejo mesmo como falar nesse caso em gramática do texto. O que se focaliza são apenas relações gramaticais, no caso significativas, ocorrentes entre períodos de um determinado texto. Se se deixarem de fora tais relações, a gramática cometerá o equívoco de querer explicar como fenômenos internos apenas ao período muitos fatos da língua que na verdade dizem respeito à estruturação de enunciados mais amplos, ou seja, que abrangem mais de um período. Assim, na nossa tradição gramatical, os pronomes *isto*, *isso* e *aquilo* são apresentados como demonstrativos neutros. No entanto, o uso certamente mais comum deles tem a ver com textos, em geral como anafóricos, para trechos de textos, como no exemplo seguinte: "Soube, ontem, que você irá ocupar um alto cargo na empresa e que está de mudança para uma casa mais próxima de seu local de trabalho. Se isto me entristeceu, já que somos vizinhos há tantos anos, aquilo me deixou muito contente" (Koch, 1989: 39).

Franchi (1987: 42) aponta para a mesma oposição fundamental entre as duas gramáticas (gramática-objeto e gramática como metalinguagem) assinaladas por Coseriu:

> Antes de ser um livro de etiquetas sociais ou um manual descritivo, a gramática é, de início, esse saber linguístico que todo falante possui, em um elevado grau de domínio e perfeição. Em um segundo plano, a explicitação formal do caráter abstrato e geral desse saber.

Nos textos de Coseriu (o primeiro da p. 44) e de Franchi, torna-se irrefutável que os dois conceitos fundamentais de gramática são os de gramática-objeto, que pressupõe um saber interiorizado, manifestado no falar, e de gramática como metalinguagem, que tem como escopo a descrição da gramática-objeto.

A gramática descritiva, apoiada em modelos teóricos vários (estruturalismo, gerativismo...), visa a documentar e a investigar qualquer variedade de uma língua, como já se disse, sem se prender a nenhum critério de correção, informando-nos, assim, das distintas maneiras de *como se diz* em certa comunidade linguística. Já a gramática normativa, que também descreve, igualmente situada no nível histórico ou idiomático da linguagem, tem, no que se distingue da gramática descritiva, uma finalidade didática, já que intenta indicar *como se deve dizer* segundo determinada norma de conduta linguística que se escolheu como padrão.

Cabe aqui, penso, antes de focalizar o papel das três gramáticas mencionadas no ensino, refletir um pouco sobre a posição assumida, entre nós, por Travaglia (2003: 43-55), em capítulo intitulado "Ensino de língua materna — gramática e texto: alguma diferença?". Travaglia é autor de uma produção acadêmica respeitável, que se vem acumulando por quase trinta anos. Uma de suas preocupações centrais tem sido justamente o estudo e o ensino da gramática, propondo, em relação a este, atividades pedagógicas interessantes e proveitosas em algumas de suas obras. Por isso mesmo, por ser um profissional respeitável no campo dos estudos linguísticos entre nós, com alguns de seus textos bem conhecidos, causa estranheza a posição que adota no referido capítulo do livro mencionado, já certamente lido por grande número de professores. São palavras suas:

5. Conceituação das distintas gramáticas

> [...] tudo o que é gramatical é textual e, vice-versa, tudo o que é textual é gramatical. (p. 45)
>
> Se [...] estivermos convencidos de que o texto é apenas resultado da aplicação da gramática da língua em seus múltiplos planos e níveis, que o texto é a gramática da língua em funcionamento, para comunicar por meio da produção de efeitos de sentido, deixaremos de ter no ensino de língua materna a atitude, pode-se dizer, perniciosa, de achar que gramática e texto são coisas distintas. (p. 54)
>
> Adotando a postura de que a gramática é tudo que afeta a produção de sentidos por meio de textos da língua, com certeza teremos um ensino mais eficiente. (p. 54)

Já se disse anteriormente, recorrendo a palavras de Franchi (1987: 42), que "Não é verdade que gramática nada tem a ver com a produção e compreensão do texto". Portanto, longe de se estar advogando aqui uma separação entre as atividades de ensino de gramática e as de produção/compreensão de textos. Mas identificar gramática e texto?

Antes de mais nada, como assevera Coseriu (1993: 29),

> A linguística, em seu sentido mais autêntico, não é senão trasladar ao plano da reflexão e do conhecimento justificado aquilo que os falantes já sabem de algum modo enquanto falantes, enquanto sujeitos dessa atividade que é a linguagem. Não quer isto dizer que haja identidade entre o falante e o linguista. O que importa é que o linguista não fale de outra coisa, de coisa diferente do saber do falante. [...] A base de referência constante do linguista deve ser precisamente o

falante, o que o falante sabe, e as atitudes efetivas do falante diante da linguagem.

Bittencourt (2006: 89) corrobora a orientação coseriana, ao afirmar incisamente:

> A abstração exigida por qualquer trabalho científico constitui-se sempre em tarefa árdua e perigosa, já que, ao nos distanciarmos do concreto pelas diferentes etapas de formalização, nos afastamos igualmente do real e, com isso, acabamos por correr o risco de confundir o que é apenas fruto da razão com o funcionamento efetivo do objeto na realidade, transformando em pura ficção a coisa que se quer investigar.

Ora, nenhum falante identifica gramática com texto, ainda que não saiba dizer o que entende por aquela e por este. Mas o falante médio já intui certamente que o texto não é construído apenas pela gramática. O que é função do linguista é fundamentar tal intuição, mostrando que qualquer texto traduz, antes de mais nada, referências várias à realidade extralinguística e mesmo à realidade linguística, obedecendo sempre a princípios universais do pensamento e ao conhecimento que o homem tem de certo tema ou objeto, o que nos permite interpretar o dito ou escrito como congruente. Tais princípios nada têm de gramatical. O linguista, em sua fundamentação, deve mostrar também que todo texto tem uma organização própria, produto dos determinadores gerais do falar (o falante, o destinatário, o objeto e a situação), assim como de certas normas ou modelos

5. Conceituação das distintas gramáticas

para gêneros e tipos textuais. Tais determinadores e normas não dizem respeito às estruturas gramaticais ocorrentes no texto. Um texto narrativo e um texto argumentativo, por exemplo, não se distinguem, claro está, meramente pelos procedimentos gramaticais empregados. A intencionalidade distinta do falante fá-lo recorrer, na organização destes dois textos, a normas ideais de constituição bem diversa (por exemplo, o recurso à ação, personagens, época, lugar, no caso da narrativa, e consistência do raciocínio, evidência de provas, no caso da argumentação), normas que nada têm de gramatical. De sorte que o que é textual longe está de ser necessariamente gramatical. Não é bastante que um texto esteja bem estruturado gramaticalmente, de acordo com o saber idiomático de uma língua; ele tem de estar adequado ao saber textual ou expressivo pertinente, além, evidentemente, de manifestar um saber elocucional congruente.

Também as unidades lexicais, presentes em qualquer texto, distinguem-se das unidades gramaticais, já que são portadoras de significados diversos. Por léxico

> hay que entender la totalidad de aquellas palabras de una lengua que corresponden a la organización inmediata de la realidad "extralingüística". Ao léxico, en este sentido, no pertenecen, pues, todas las "palabras" de una lengua, sino sólo aquéllas que, en esta lengua, están por la realidad misma nombrada mediante el lenguaje. (Coseriu, 1978: 133)

Por sua vez, as unidades gramaticais (palavras como *a, que, de*, e morfemas como o *-a* de *gata* ou o *-ra* de *estudara*) não correspondem a quaisquer objetos do mundo real, embora signifiquem algo em função da representação desses mesmos objetos (cf.: *A menina comeu de colher*).

Sabe-se que o léxico tem implicações na sintaxe da frase, na medida em que os itens lexicais exigem uma determinada estrutura gramatical e não outra. Assim,

> para empregar a palavra "falar" é necessário saber o que ela significa, por um lado, e, por outro, saber o que ela significa tem a ver também com exigir que este verbo tenha um sujeito de tal tipo, complemento(s) de tal outro tipo etc.
> (Possenti, 1996: 70)

Desta maneira, em "Carlos saiu da sala" e "Carlos saiu satisfeito", estamos ante duas estruturas (ou regras) gramaticais distintas, exigidas pelos termos "da sala" e "satisfeito". À gramática cabe, pois, ir ordenando, através de unidades próprias (como o uso do artigo *a* e da preposição *de*) e procedimentos vários (como o emprego da concordância nominal: Carlos satisfeito), as palavras lexicais que vão ocorrendo no texto, de acordo com a seleção intencional do falante.

Aprender uma língua não é apenas aprender suas regras, certamente a sua propriedade mais surpreendente, ou seja, "o fato de as palavras e as sequências de palavras usadas pelos falantes da língua com objectivos de comunicação ou outros estarem sujeitas a regras de boa formação que os falantes dessa língua conhecem de certa maneira" (Aissen e Keyser, 1984: 209). Aprender uma língua é ainda memorizar seu léxico (ou uma boa parte dele), vale dizer, itens que não se podem reduzir a regras gerais. O estudo do léxico é uma parte também importante do estudo de uma língua, não se inserindo, no entanto, na gramática, embora, é certo, esteja intimamente ligado a ela.

Se o que é textual não tem de ser gramatical, também o que é gramatical não tem de ser textual. Se se critica o ensino tradicional, entre outras razões, por trabalhar frequentemente com listagens paradigmáticas (de flexões nominais e verbais, de conjunções e preposições, de prefixos e sufixos...), não se pode aceitar igualmente, pela sua inexatidão, a postura de que gramática é tudo o que afeta a produção de sentidos por meio de textos da língua, deixando de lado, deste modo, no ensino da gramática, as relações paradigmáticas, que guardam com as relações sintagmáticas um vínculo de interdependência, uma distinção teórica essencial no entendimento de um aspecto fundamental da estrutura e funcionamento de qualquer língua. Travaglia não deixa de trabalhar sempre, embora não se refira ao conceito, com relações paradigmáticas, quando opõe dois ou mais enunciados para apreensão de efeitos de sentido distintos ("O meu lar é o botequim" / "O meu lar é um botequim") (2003: 35).

Concluindo este comentário crítico sobre a posição adotada por Travaglia, em obra mencionada, enfatizo que deve haver uma conexão sim entre ensino de gramática e ensino de produção e compreensão de textos, mas é necessário, antes, ter o conhecimento fundamentado da oposição entre gramática-objeto e gramática como metalinguagem, com a delimitação sobretudo do campo de estudo desta última, que não deve comportar a descrição do léxico, nem muito menos ser identificado com a construção global do texto, produto, na verdade, de saberes bem diversos, de que o saber gramatical é parte de um deles, o saber idiomático, que deve ser distinguido do saber elocucional e do saber expressivo, na tricotomia coseriana de que atrás se tratou.

6. O papel da gramática-objeto no ensino

O papel da gramática-objeto e da gramática como metalinguagem no ensino deve ser evidentemente focalizado. Começarei pela primeira.

A criança, ao ingressar na escola, já domina, já tem internalizadas estruturas gramaticais complexas, próprias de sua origem regional e de seu meio social. Ao proferir uma frase simples como "Pai, posso i brincá na casa do colega?", vale-se de vários recursos sofisticados (como ordem das palavras, flexão verbal e nominal, emprego de conectores, entoação ascendente) na construção desse breve enunciado. Este conhecimento faz parte de sua gramática-objeto, que pode ser analisado. Muitas dessas estruturas são frequentemente estigmatizadas, logo de início, pela escola. Qual a função desta em momento tão importante para a vida da criança? Verdadeiro truísmo pedagógico: partir da linguagem da criança. O professor deve procurar apreender e compreender como seus alunos falam a sua gramática-objeto ou internalizada, em lugar de tentar, deliberadamente, transformar, corrigir a fala deles, impondo-lhes logo, na escrita, a utilização da língua segundo as formas do padrão culto. Cunha (1985: 47) pondera com razão:

> Daí ser de toda conveniência que se propiciem condições ao educando para que ele se assenhoreie progressivamente do dialeto prestigioso sem que seja violentado com a desorganização ou a destruição do seu vernáculo, do qual continuará a servir-se nas situações mais íntimas.

O compromisso do professor deve ser sempre o da ampliação da competência comunicativa do aluno, ou seja, no caso, o da ampliação da gramática internalizada deste, que irá se manifestando nas diversas atividades pedagógicas propostas. Por isso, o docente deve estar bem atento para os "erros dos escolares", o mais das vezes hábitos linguísticos arraigados de seu dialeto de origem, que devem ser gradativamente confrontados com os da norma culta, com o que se estará também iniciando os alunos no conhecimento acerca das diferentes variedades que a língua comporta, explicitado o prestígio social relativo delas. O objetivo inicial das aulas de Português não é, então, enfatize-se, levar as crianças a substituírem o seu dialeto por um padrão culto escrito. "A escola brasileira ocupa-se mais em reprimir do que em incentivar o emprego criativo e competente do discurso" (Bortoni-Ricardo, 2005: 16). Ao longo, diria, de todo o processo escolar. Os alunos, que conseguirem chegar ao final do ensino médio, têm uma longa trajetória a percorrer, em termos de desempenho linguístico, quando se pensa na possibilidade, maior ou menor, de virem a alcançar um domínio razoável da norma culta escrita, na dependência sempre de variáveis diversas, socioculturais, econômicas e pedagógicas. O material produzido pela criança deve ser tomado como fonte preciosa de informações do seu saber linguístico, logo, do seu saber gramatical também. A atenção da criança pode ser despertada, em cada um dos seus textos, para um ou outro fato da língua em que se dê a oposição entre o padrão culto e o popular. Outras oposições ocorrentes, relativas à gramática, vão sendo anotadas para focalização posterior (Franchi, 1986: 53-54).

A importância desse conceito de gramática internalizada — conjunto de regras que o falante domina — é, pois, inegável, na fase de aquisição da língua, para o professor e para a condução do seu ensino. Crianças empregam formas verbais como "eu sabo", "eu cabo", "eu fazi", "ele iu", que não devem ouvir consistentemente, a não ser de outras crianças. Ante tais formas, não pode faltar ao professor de Português a compreensão do porquê da ocorrência delas: as crianças aprendem regras de conjugação verbal, e é aplicando-as que produzem as formas arroladas, tipicamente regularizadoras de padrões "irregulares" (*sei, caibo, fiz, foi*), ainda que, num momento anterior, cheguem a empregar estas últimas. Contudo, mesmo ao utilizarem, o que acontece, formas "erradas" num segundo estágio, tal fato resultaria da aplicação de regras conhecidas, internalizadas. Longe, pois, se estará ante casos de crianças problemáticas no uso da língua (Possenti, 1996: 71).

Já formas como "meu fio" (filho) são assíduas em crianças de grupos sociais mais humildes. Ao aprenderem, em contato com falantes de outros grupos, ser a forma "correta" *filho*, como *palhaço, velho*, etc., tendo elas assimilado a regra que muda "fio" em "filho", na passagem agora de um dialeto para outro, com base em tal regra, podem vir a generalizar a mesma, e dirão, ou escreverão, então, expressões como "telha de aranha" (teia) ou "a pilha do banheiro" (pia). Temos, nestas ocorrências, casos típicos de hipercorreção. Evidentemente que os de pouca instrução não ouviram das pessoas de que ouviram "telha", quando se falava de cobertura de casas, a mesma expressão "telha", ao se referir a aranhas. Exemplos tais, que focalizam fase de mudanças de dialetos, servem também para reforçar a tese da gramática internalizada, através de sua aprendizagem autônoma por parte das crianças (Possenti, 1996: 71).

Deve, pois, o professorado estar atento também a estas ocorrências e em condições de compreendê-las para o esclarecimento devido aos alunos. Aliás, a atividade linguística constante, oral e escrita, incentivada e orientada pelo professor em todo o processo escolar, precisa ser exercitada, com especial ênfase, nas primeiras séries, de forma a se criarem oportunidades para melhor se conhecer o saber linguístico das crianças e, assim, a gramática que interiorizaram no intercâmbio verbal com adultos e colegas. No alunado pertencente à camada sociocultural mais humilde, é certo que poderão ser observados, na variedade linguística usada, inúmeros fatos que espelharão a gramática internalizada desses alunos em contraste com a do padrão culto, devendo a ação pedagógica concentrar-se mais nesses fatos, pois constitutivos de uma norma que não é a padrão preconizada pela própria escola. Esta análise permite, então, "o levantamento de um perfil sociolinguístico dos alunos, o que servirá de subsídio para a elaboração de estratégias pedagógicas e de material didático adequado" (Bortoni-Ricardo, 2005: 59).

Lemle (1978: 65-86) elenca, com base em pesquisa, características do português falado no Rio de Janeiro por usuários de baixa escolaridade, concomitantemente pertencentes ao nível socioeconômico mais baixo, pesquisa de que vou valer-me, baseando-me em algumas de suas conclusões. Certamente estes traços serão encontrados com constância na fala e na escrita de crianças de tal nível que frequentam atualmente a escola. Têm, assim, os professores exemplos de comprovada divergência interdialetal com que podem e devem trabalhar com maior ênfase. No campo fônico, selecionamos formas com supressão fônica, como *cosca* e *abobra*; *arvre* e *ocos*; *lampa* e *bebo*; *paciença* e *poliça*, ou com metátese, como *tauba* e *estauta*, entre tantas outras, que marcam uma tendência na fala popular, pelo menos na do Rio de Janeiro, objeto de estudo da linguista mencionada, embora a redução fonética, como mostra Lemle, possa não atingir igualmente todos os itens lexicais, na dependência de contextos fonéticos mais delimitados, como em *lábio* e *alívio*. Nos casos de ditongo decrescente, como em *beijo* e *queijo* ou *louco* e *touro*, a supressão da semivogal já avançou tanto, no Rio de Janeiro, que deixou de ser identificada como marca linguística da fala não padrão. Que o professorado fique atento para a distinção entre este caso e os anteriores, mesmo que o problema gráfico não vá ser descurado. Ainda no campo fônico, que Lemle prefere incluir na morfofonêmica, deve-se assinalar a supressão do /r/ final, tão observável nos infinitivos verbais, supressão já habitual na fala culta coloquial. A omissão do -r final, na língua escrita, é usual em textos de alunos de escolaridade bem mais avançada, como reflexo da realidade oral e do pouco convívio que revelam com a modalidade escrita. Portanto, grafias como *quejo, toro* e *estimá*, que não deixam de causar um sentimento de repulsa dos professores, sobretudo em textos de alunos de séries avançadas, remetem a pronúncias já não estigmatizadas, como *cosca, bebo* e *poliça*, tipicamente populares. Mencione-se ainda: a redução do grupo consonantal -nd- a -n, mormente nos gerúndios (*jogano, fazeno*); a perda da nasalização das vogais átonas finais (*home, onte*); a vocalização das consoantes palatais nasais (*tỹa*) e, para nos atermos a estes casos, a passagem de ℓ a r depois de consoante (*framengo, crube*). Observa-se no ensino, em sua fase inicial, a tendência de muitos professores em querer que seus alunos aprendam logo a fixar uma grafia como *clube*, embora eles continuem a dizer *crube*, de acordo com a realidade do seu dialeto. E se poderia estender tal comentário a muitos outros traços linguísticos orais. Se o objetivo fundamental é o de adquirir o domínio da forma do nível culto, que eles, pela imitação da fala do professor e pela prática supervisionada dele, sejam levados, antes de mais nada, a dizer *clube*, para só depois se ter a expectativa de que passem a escrever *clube*, que será então uma grafia condizente com a realidade oral do português-padrão, já do domínio deles.

6. O papel da gramática-objeto no ensino

No campo morfossintático, podem ser mencionadas diferenças notáveis entre as variedades popular e padrão do português, como no caso da negação, em que são frequentes, na variedade popular, construções como "Vou conversar mais não" e "Ninguém não viu a moça", ou da relativização, em que ocorrem estruturas como "Eu nasci numa cidade que lá faz muito frio" e "Eu nasci numa cidade que faz muito frio". A concordância, tanto a nominal, quanto a verbal, merece também uma atenção especial do professorado de Língua Portuguesa pela presença de regras distintas entre a variedade popular e a culta. Fixemo-nos, apenas, aqui na concordância verbal. Lemle enfatiza que, entre outras variáveis a serem consideradas, como a da posição do nome ou pronome sujeito relativamente ao verbo, a variável morfológica (maior ou menor grau de saliência fônica da oposição entre a forma verbal do singular e a do plural) pode favorecer ou não, entre os falantes do segmento mais humilde, a aplicação da regra da gramática normativa. Assim, os verbos tidos como regulares, com menor grau de saliência fônica (come – comem; fala – falam; parte – partem), são os que se apresentam menos favoráveis à regra da norma-padrão.

Defende Lemle a estratégia pedagógica de que a conscientização da regra de concordância entre verbo e sujeito de 3ª pessoa da fala culta deve começar com as classes verbais de efeito positivo, ou seja, de aplicação da regra (está – estão; foi – foram; é – são; falou – falaram; trouxe – trouxeram).

Mas como salienta ainda Lemle, ao final do relato de seu trabalho de pesquisa, a realização da regra gramatical sobre concordância verbal em foco irá depender, muitas vezes, de cada contexto, em que, além da variável saliência fônica, a posição do sujeito (variável posicional) em relação ao verbo pode ser vista como a circunstância concreta que alicerça e dá corpo à regra ("sumiu muitas das minhas coisas"). No caso desta segunda variável, a posição mais favorável à concordância é aquela em que o sujeito está imediatamente antes do verbo; a posição menos favorável, ao contrário, é aquela em que o sujeito está posposto ao verbo ("trouxe os tios muitos presentes"); e, em nível intermediário, o caso do sujeito anteposto, porém distante do verbo ("os homens lá naquele morro não tinha(m) luz"). Logo, pedagogicamente, a insistência com estruturas com sujeito anteposto deve ter primazia, em certo momento do processo escolar, sendo as com sujeito posposto as que irão exigir mais atenção e exercícios, a partir de um outro momento do ensino, sempre na dependência do nível escolar e social da turma com que se esteja trabalhando.

    O mais importante, com base numa pesquisa como a de Lemle, é a necessidade, enfatize-se, de um planejamento pedagógico do ensino do português-padrão, em que o professorado, alicerçado justamente em ocorrências linguísticas reiteradas da variedade popular, documentadas na expressão oral e escrita de seus alunos, partindo, pois, do que a gramática internalizada deles vai manifestando, tenha consciência das formas e construções em que ele deve mais insistir, em oportunidades didaticamente pertinentes, atitude bem distinta da preocupação corretiva, neste momento inicial da vida escolar. Bechara (1985: 11-12) explicita:

Ora, a educação linguística põe em relevo a necessidade de que deve ser respeitado o saber linguístico prévio de cada um, garantindo-lhe o curso na intercomunicação social, mas também não lhe furta o direito de ampliar, enriquecer e variar esse patrimônio inicial.

O caminho a seguir, dentro de uma orientação linguístico-pedagógica mais pertinente, é levar os alunos a refletir sobre o já sabido (dominado), para aprender, em seguida, valendo-se, sempre que possível, da gramática contrastiva entre as duas variedades (a popular e a culta), regras que não sabem, ou que dominam ainda precariamente, até utilizarem estas conscientemente, em situações próprias, com a ampliação da gramática internalizada com que chegaram à escola. Ou, como Coseriu (1989: 36) tão bem enfatiza:

> El objetivo de la enseñanza idiomática no es que los alumnos se conviertan en lingüistas y gramáticos, sin que adquieran conocimiento reflexivo y fundado de las estructuras y posibilidades de su lengua y lleguen a manejarlas de manera creativa.

7. O papel da gramática como metalinguagem no ensino

O papel da gramática como metalinguagem, ou seja, da gramática que descreve a técnica de uma gramática-objeto é muito discutido. Qual gramática deve ser adotada no ensino: a gramática estritamente descritiva, com esta ou aquela orientação teórica, ou a gramática normativa, que não deixa de ser uma gramática descritiva da língua culta em situações mais formais, mas com uma finalidade didática, pois visa ao domínio do *como se deve dizer*. O saber do gramático normativo, como o de um professor de língua, é prático pelo seu objeto, que é um operar, um agir linguístico determinado, e também pela sua finalidade, a de comunicar a outros a posse de uma técnica linguística, o ensino de um falar, embora seja especulativo pelo seu método, vale dizer, analítico, consistindo numa análise da operação, numa análise do saber atuar (Carvalho, 1983: 255).

Não me parece difícil determinar que gramática, descritiva ou normativa, deva ser ensinada nos graus fundamental e médio. Penso que, na medida em que predomina a aprendizagem prática da língua, na produção de um texto escrito, por exemplo, pode-se valer mais da gramática normativa, com base sobretudo, como já se enfatizou, nas diferenças entre a variedade cotidiana dos alunos e a padrão, sem, evidentemente, nenhuma postura de correção, estigmatizadora em relação à expressão dos discentes, apenas levando-os a observar oposições entre os dois níveis de língua, conscientizando-os da diferença de prestígio social entre eles e conscientizando-os também de que o domínio do português padrão exige tempo, prática constante da língua, ler, escrever, enfim, estar o mais possível exposto a ela, e à reflexão, pelo estudo sobre ela. Logo, nos primeiros textos produzidos pelos alunos, orais ou escritos, já ocorrerão casos de contraste entre as variedades, como, entre outros (Franchi, 1987: 40), da contraposição das formas dos casos reto e oblíquo ("Eu vou pintar eu no quadro" ou "Posso chamar ele?"), de diferentes regras de concordância nominal e verbal ("Os menino num fala agora"), de diferente sistema de flexões ("Nem vamu istragá tudo") ou de diferentes procedimentos de coesão textual, como em: "Era uma vez um gatinho que se chamava Mimi. Ele estava com fome e aí ele foi pra cozinha e aí encontrô uma carne que a empregada tinha deixado fora da geladera e aí ele subiu numa cadera e pegô".

A intenção do professor deve estar longe, nesta situação pedagógica, de começar desde cedo a estudar, sistematicamente, todos os pronomes pessoais retos e oblíquos ou a listar regras de concordância ou de flexão nominal e verbal, conectores... O grande objetivo, ante as ocorrências textuais acima mencionadas, é o de conduzir os alunos, ainda na fase inicial da educação linguística formal, a aprender a diversificar os seus recursos expressivos, a partir de sua própria linguagem, do como falam e escrevem, tornando, deste modo, a prática da diversidade das ocorrências gramaticais uma operação corriqueira e, assim, natural, da sua atividade linguística na escola, com o objetivo maior de poder transferir esta diversidade para a sua vida social.

Mas mesmo em situações em que predomine a aprendizagem prática da língua, e, pois, o ensino da gramática normativa, não se tem, contudo, como deixar de lado a gramática descritiva, quando se fala, por exemplo, em processos sintáticos como concordância ou quando se focaliza a formação ou classe de uma palavra ou fenômenos fônicos como a acentuação de palavras. Piccardo (1956:12) coloca o problema do ensino das gramáticas normativa e descritiva em termos precisos:

> Se trata de más y de menos, nunca de predominio absoluto [...]. En todos los textos destinados a la enseñanza se concebían ambos aspectos: la proporción en que participan es variable, pero nunca falta uno de ellos.

As gramáticas normativas não deixam então de comportar uma descrição, quando distinguem classes de palavras, processos de formação de palavras, orações coordenadas e subordinadas, obedecendo a um mundo conceitual, como qualquer gramática descritiva.

As gramáticas normativas têm sido, graças ao surgimento de novas correntes linguísticas, muito criticadas. Entre nós, com destaque para a sua "inconsistência teórica e falta de coerência interna" (Perini, 1985: 6). Mas o próprio Perini, é verdade que dez anos antes da publicação da sua *Gramática descritiva do português* (1995), gramática, pois, não normativa, reconhece, logo no prefácio desta sua obra de 1985, que

> sente-se agudamente a falta de alternativas viáveis: se a gramática tradicional é inadequada, o que colocar em seu lugar? O linguista, ao criticar a gramática tradicional, frequentemente se choca com a objeção irrespondível: *é indispensável continuar trabalhando com uma gramática cujas deficiências são evidentes, pois não existe outra que se possa utilizar.* (1985: 5) [grifo meu]

E adverte com razão:

> Mais do que a substituição de uma doutrina gramatical por outra (o que seria de utilidade questionável), creio que se deve almejar a criação de novas atitudes, caracterizadas por maior responsabilidade teórica, maior rigor de raciocínio, libertação do argumento de autoridade – *em uma palavra, mais espírito crítico.* (7-8) [grifo meu]

Por fim, o linguista brasileiro deixa bem claro:

> Lembremo-nos de que se trata de preparar uma gramática *pedagógica*: isso significa que uma das tarefas a enfrentar

é a de selecionar (ou, mais provavelmente, inventar) uma linguagem para transmitir os resultados da investigação linguística das últimas décadas, sem, por um lado, falsificá-las, nem, por outro, tornar o texto inacessível a quem não seja um linguista profissional. (9)

Saliente-se que, com o desenvolvimento contínuo dos estudos linguísticos, os estudos descritivos de Mattoso Câmara, nas décadas de 1950 e 1960, que exerceram inegável influência (sobretudo na fonologia e morfologia) sobre os fundamentos teórico-descritivos de algumas de nossas gramáticas normativas, pioneiramente sobre a de Bechara, desde a sua primeira edição (1961), como, por exemplo, em todo o capítulo reservado à estrutura dos vocábulos (Uchôa, 1963: 167-173), já são também, há algum tempo, objeto de muitos reparos em sua conhecida orientação estruturalista.

A *Gramática* de Perini (1995) não teve repercussão em gramáticas e livros didáticos. O próprio autor já antevia o resultado (16-17):

> Acredito que após algum tempo de divulgação das ideias contidas neste livro *será possível estudar a possibilidade de incluí-las em livros didáticos de primeiro e segundo graus.* [grifo meu]

O certo é, então, que o magistério de Língua Portuguesa não poderá abrir mão das gramáticas de intenção pedagógica atuais, mesmo com uma doutrina gramatical que deixa a desejar em consistência. Langacker (1972: 17) já dizia acertadamente:

Os livros de gramática tradicional não estão de fato errados, mas partilham com todas as outras tentativas de descrição linguística, inclusive as mais avançadas, a falha inevitável de serem incompletas.

O que importa é não pensar que tudo o que a gramática diz ou prescreve deve ser ensinado à letra, com a sacralização que ainda recai sobre gramáticas, mormente se estas são de autoria de reconhecidos estudiosos e conhecedores da língua. A atitude crítica é sempre imprescindível. Não pode nunca o professor reduzir-se a mero receptor de conhecimentos já produzidos, num posicionamento passivo. Não deve, por exemplo, acolher exemplos apresentados pelas gramáticas que não estão de acordo com postulados teóricos e metodológicos, que as próprias gramáticas às vezes preconizam, contrariando frontalmente noções linguísticas já sedimentadas, como a distinção entre enfoque sincrônico e enfoque diacrônico. Assim, itens lexicais como *petróleo* ou *vinagre*, e tantos outros, são hoje, no funcionamento da língua, absolutamente indecomponíveis, não se podendo incluir entre as palavras compostas. É preciso evitar também, um outro exemplo, que as listas de palavras, de longa tradição em nosso ensino do vernáculo, como a de femininos "dignos de nota", sejam apresentadas como estudo gramatical, quando, na verdade, estamos diante da antigramática, ou seja, do assistemático, do imprevisível, da impossibilidade de se estabelecer uma regra (com base no par *bode/cabra* e dado o nome *cavalo*, não há regra para se chegar à forma *égua*). E muitos outros exemplos poderiam ser lembrados. Em suma, as inconsistências não estarão ausentes nas nossas gramáticas de finalidade pedagógica, e mesmo nas consideradas científicas. O que não pode estar ausente é o espírito crítico do professor, como compromisso ético dele com ele mesmo, com o que julga verdadeiro, em consonância com a formação linguística que tiver alcançado.

Mas a gramática normativa, como qualquer gramática, é também gramática de certa norma linguística, no caso, é amplamente sabido, da norma que goza de maior prestígio sociocultural na comunidade, por isso mesmo chamada de norma-padrão.

Se é certo que, durante longo período da nossa história linguística e social, o português-padrão era identificado, consensualmente, com a língua manifestada em textos literários, mais frequentemente de autores de séculos passados, seguindo uma tradição que remonta ao antigo mundo grego, pode-se dizer que, de umas poucas décadas para cá, a determinação deste português-padrão tornou-se questão de muita divergência entre os estudiosos. Afinal, qual o português-padrão atual? Serão os textos dos escritores brasileiros e portugueses do Romantismo para cá, atribuindo-se uma situação privilegiada aos autores mais próximos da época hodierna, como defendia Celso Cunha? Ou devem ser os textos da linguagem técnica, acadêmica e jornalística, pelo fato de observarmos em textos dessas linguagens uma grande uniformidade gramatical, permitindo proceder, assim, a uma descrição com maior coerência, como preconizam Perini (1985: 85-88) e outros linguistas contemporâneos?

Inclinei-me, desde cedo, em meu posicionamento profissional ante o problema, pela segunda alternativa, talvez, de início, por influência das ideias de Mattoso Câmara, expostas em sala de aula e em algumas passagens de um ou outro texto seu, certamente dos não mais conhecidos. Observa-se que o linguista brasileiro insiste na distinção entre língua literária, "entendida como língua geral escrita e estilo formal público da língua oral", e "língua da literatura, de precípua finalidade estética" (1969: 232). Para ele, na continuidade do seu texto, "dos dois sentidos atribuídos à expressão 'língua literária', se opte pela primeira quando se tem em mira a descrição linguista", posição corroborada de imediato — tratava-se de uma palestra em um congresso internacional, seguida de debates, realizado em Coimbra, em 1967 — por Jacinto Prado Coelho: "o que importa, como paradigma para o ensino, é a língua literária *lato sensu*" (1968: 56). Em dois ensaios desta mesma época, Mattoso Câmara defende este seu critério. No de 1969 (p. 255), ao apontar os maiores problemas do ensino do vernáculo na época, destaca, entre eles:

> Toma-se para base do ensino, nas antologias, a língua da literatura, e não a língua literária em sentido lato, [...] *sem atentar que na literatura a língua entra como fator estético e as soluções linguísticas, que aí se encontram, são por isso inadequadas não poucas vezes ao uso corrente.* [grifo meu]

No ensaio de 1967 (p. 155), ao apontar os objetivos do ensino da língua, diz relativamente à língua literária:

> Ora, tanto no Brasil como em Portugal, essa permeabilização da língua-padrão escrita, pela língua literária, fez com que

se confundisse uma com a outra, ou antes, que se tomasse a língua literária [= da literatura] como modelo da língua-
-padrão escrita.

Na continuidade deste último ensaio, Mattoso Câmara critica fortemente "O monopólio da língua literária no ensino secundário" até então, final dos anos 1960, pois "a par da distorção essencial que representa, ainda se torna mais prejudicial por dois dos seus aspectos", de que cito, apenas, o primeiro:

> 1) a confusão entre as fases sucessivas da língua literária, com a tendência agravante a insistir na língua literária clássica, que é justamente a menos própria a servir à sociedade e à cultura atual, até mesmo como língua literária exclusivamente, mas muito menos como língua-padrão escrita. (1967: 156)

Sílvio Elia, filólogo e linguista de uma geração posterior à de Mattoso Câmara, de orientação doutrinária bem distinta da dele, concorda com a distinção mattosiana (Elia, 1984: 54), não porém com a nomenclatura usada, já que julga os dois sintagmas (língua literária e língua da literatura) praticamente sinônimos

> e isso, por certo, irá gerar perniciosas confusões. Preferimos, pois, as expressões língua culta e língua literária, a primeira para o estilo formal e a segunda para a língua empregada com finalidade estética. Esta modalidade, acrescenta-se, pode coincidir com a língua culta padrão (fato muito ocorrente), mas pode também não coincidir.

O ponto central, então, para a não identificação da língua-padrão com a língua literária reside no objetivo precípuo de todo texto literário: ser ele de finalidade estética, tendo o escritor por isso mesmo, a liberdade de poder valer-se, mesmo na fala do narrador, da utilização da língua em qualquer de suas diversas variedades, quer regionais, quer sociais, quer estilísticas. O autor não tem, pois, limites na escolha das variedades linguísticas para atingir seu intento artístico, afastando-se mesmo do que habitualmente se diz em qualquer norma da língua, mas explorando as virtualidades do sistema linguístico, como conjunto de unidades e regras funcionais de determinada língua, à disposição dos interlocutores. Assim procedeu Drummond, em exemplo que selecionei para um antigo texto meu (Uchôa, 1974: 31). No intuito de evocar "novas categorias de eterno", vale-se de formações linguísticas inusitadas, de palavras extravagantes, mas previsíveis no sistema da língua em estado potencial.

> Eternalidade, eternite, eternaltivamente
> eternuávamos
> eternicíssimo
> A cada momento se criam novas categorias do eterno.

Guimarães Rosa, como se sabe, se notabilizou entre nós pela "constante procura da palavra com diferente 'canto e plumagem', [...] se tornou contumaz explorador da inesgotável possibilidade de novas expressões que o esquema da língua oferece" (Barros, 2006: 34).

Evidentemente, como acentuou Elia, também encontramos muitas obras literárias escritas de acordo com o padrão culto. O problema é que *a priori* não se pode contar com esta identidade. Pela sua natureza e pela sua finalidade, não há como tomar a língua da literatura como a língua-padrão de uma comunidade pela diversidade linguística que os seus textos podem comportar. Com ela, longe estamos de poder trabalhar com uma norma linguística relativamente homogênea como a culta formal. Será um critério bem estabelecido constituir uma gramática da língua culta apenas com os escritores já conhecidos como seguidores de uma velha tradição, excluindo, assim, consagrados nomes de nossa literatura? Parece que cada vez mais obras do nosso universo literário, no atual contexto sociocultural, se vão valendo de variedades que contrastam com a norma culta codificada pelas nossas gramáticas normativas e adotada pelos manuais didáticos. Cresce, significativamente, o número de autores nacionais de prestígio que, pela sua linguagem, reflexo muitas vezes de uma temática social altamente agressiva, não pode ser acolhido em uma gramática normativa. Os escritores brasileiros eleitos continuam sendo os seguidores de uma bem fixada tradição gramatical. Preti (2004: 120-121) chega a defender que

> O que há são estilos literários diversificados, que se valem das características da linguagem culta ou, às vezes, da espontaneidade da fala do dia a dia, para melhor atingir seus objetivos.

Defendo, desta maneira, a posição, já manifestada por vários linguistas brasileiros, de se voltar para outro tipo de textos, para documentar o português-padrão escrito do

Brasil: os da linguagem técnica, acadêmica e jornalística, presentes, por exemplo, em livros científicos, em ensaios universitários, em editoriais de jornais e de revistas de grande circulação ou em artigos assinados sobre temas diversos. Teremos, então, inegavelmente, um *corpus* com uma grande uniformidade gramatical, um português-padrão altamente homogêneo em todo o país, que contará também com as obras literárias que sigam este padrão.

Ao adotar tal posição, não se pretende, de forma alguma, minimizar a importância do ensino da língua literária, atualmente bastante descurado entre nós, não só nos níveis fundamental e médio, mas também nos próprios Cursos de Letras. Afinal, como arte, a linguagem literária é a realização da plenitude funcional da língua, realização de todas as suas possibilidades de expressão, conforme, com argumentação consistente, defende Coseriu (1977: 203-204). Cezar (2007: 86), na linha de orientação coseriana, esclarece:

> A língua literária, ao contrário do que muitas vezes se pensa (e se diz), não é um desvio da normalidade (da linguagem corrente). Os outros usos da linguagem (o emprego na vida prática, o emprego nas ciências, por exemplo) é que são um reducionismo das possibilidades da linguagem.

O que se almeja, muito pelo contrário, é valorizar o ensino da língua literária, não, evidentemente, limitá-lo a ela, a fim de que os alunos alcancem, ao longo de sua escolaridade, a capacidade de compreendê-la e apreciá-la, sabendo captar, por exemplo, que uma construção coloquial ou bem popular foi utilizada pelo romancista como um recurso consciente, elaborado, para criar um efeito especial.

De modo que um ensino de língua que relegue a um segundo plano o estudo da língua literária será forçosamente um ensino redutor, responsável por um conhecimento limitado da língua, dos fatos idiomáticos.

Por fim, no tocante à realidade linguística do português-padrão atual, ou seja, da norma culta atual, os professores não podem compactuar com a ideia, ainda largamente sustentada pela sociedade leiga, de que a língua portuguesa, em virtude da não observância, por parte de muitos de seus falantes cultos, de certos usos da língua-padrão de tempos atrás, está em processo de deterioração, de decadência. Na verdade, a língua não pode ser posta numa redoma de vidro a fim de ficar abrigada das mudanças sociais, o que redundaria na sua morte letárgica. A língua-padrão atual não é pior nem melhor que a de algumas décadas passadas; simplesmente manifesta certos usos distintos (em regências, em colocações pronominais, no emprego de certos pronomes, no uso de algumas flexões verbais...). Deve, por isso, o professorado, nas hesitações quanto ao emprego culto de certas formas e construções:

a) consultar as gramáticas de autores de reconhecido credenciamento acadêmico;

b) ter acesso a outras obras recentes, como o *Guia de uso do português*: confrontando regras e usos, de Neves (2003), resultado de um *corpus* de oitenta milhões de ocorrências do português escrito contemporâneo do Brasil, que abrange textos diversificados, organizado em verbetes, com a indicação de quando "o uso contraria a prescrição tradicionalmente veiculada", deixando ao leitor a opção de fazer a escolha entre o que a tradição prescreve (e está vivo ainda na língua) e o uso que contraria a tradição. Assim, o verbo *namorar*, segundo a lição normativa, usa-se com complemento sem preposição ("Eu nunca namorei ninguém"), construção ainda documentada. Entretanto, ocorre também com complemento iniciado pela preposição *com*, o que reflete a ideia de companhia que *namorar* evoca ("Quem é que vai querer namorar com um sujeito assim?"). No caso de variantes de uso, procura documentar várias vezes a frequência relativa de cada emprego, "considerada uma boa pista para o consulente orientar-se na sua escolha". Assim, por exemplo, registra que o verbo *assistir*, significando "presenciar", mantém como construção mais frequente (cerca de 80%) a recomendada pelas gramáticas normativas ("Outro dia assisti a um filme na televisão"), ocorrendo, entretanto (20%), com complemento sem preposição e também na voz passiva ("Para matar o tempo assisti parte do filme" e "... o casamento assistido por seus pais e pelos pais da noiva"). Há ainda, nesta obra, indicação de quando uma forma não ocorreu, como o superlativo *celebríssimo*, ou quando aparece apenas em linguagem mais informal, como a forma feminina *carrasca* ("Olindona não se repetia, a carrasca");

c) e, por fim, recorrer a compêndios específicos em relação a determinado campo de estudo, a regência, por exemplo, como os *Dicionário prático de regência verbal* (1987) e *Dicionário prático de regência nominal* (1992), de Luft, ou o útil e alentado *Dicionário gramatical de verbos do português contemporâneo do Brasil*, coordenado por Borba (1990).

Mas não pode o magistério dedicado ao ensino da língua deixar de exercitar a sua capacidade de observação para o uso escrito e falado atualmente, procurando registrar as ocorrências já largamente usuais por parte de pessoas cultas (se restritas ou não à modalidade oral), apesar de não serem documentadas ainda pelas nossas gramáticas, ou registradas timidamente por uma ou outra, o que favorecerá uma atitude de maior aceitação de tais ocorrências e, ao mesmo tempo, irá ajudá-lo, na sua ação pedagógica, a combater a sacralização da gramática, vendo-a, ao contrário, como obra de inquestionável utilidade sim, mas sujeita a críticas, como, em princípio, qualquer livro técnico ou científico. Tenho constatado, em minhas pesquisas informais, que pessoas cultas vêm escrevendo, com frequência, *entre eu e você, ele tinha sido pego de surpresa, assistia o jogo, hoje tem debate na televisão, me ocorreu então a hipótese*, embora só o primeiro e o segundo exemplos (emprego do *eu* e do *pego*) sejam acolhidos por algumas gramáticas. Creio que nestes casos, como em outros, de regência verbal e nominal, ou de colocação pronominal, em que podemos documentar usos não abonados pelos gramáticos normativos, ou com algum tipo de ressalva por parte deles, é que a palavra do professor deve manifestar-se para esclarecer o não reconhecimento ainda por parte das gramáticas de usos bem documentáveis na fala e na escrita de pessoas cultas.

Cabe aqui, julgo, um comentário importante, pois possível de explicar o silêncio das gramáticas em casos tais. Um uso (digamos do *ter* impessoal) pode até ser estatisticamente dominante entre as pessoas cultas, de uns bons tempos para cá (sobretudo na modalidade oral), mas não corresponder ainda, na avaliação dos gramáticos e mesmo de pessoas instruídas, ao "bom uso", ao uso de maior prestígio social. "Não estranho", comentava um professor de Português colega meu, "ver o *ter* empregado no lugar do *haver*, mesmo em textos escritos. Mas o certo, para mim, continua sendo usar o *haver*". O que pode ser prejudicial ao ensino do vernáculo é chegar-se a criar uma oposição entre norma purista e norma culta, privilegiando-se a primeira. Não pode o professor desprestigiar formas e construções já significativamente documentadas na fala e na escrita da língua culta, em seu processo natural de mudança, em nome de um "ideal linguístico" representativo de uma longa tradição defendida por gramáticas normativas da língua.

O ensino da gramática normativa, já se salientou, não há por que ser suprimido. Mas é preciso considerá-lo de forma esclarecida, para sua ação não ser prejudicial à educação linguística, que visa à formação de leitores e produtores textuais proficientes.

> Não se trata de confrontar "um português certo" e "um português errado", definidos ambos em termos absolutos, independentemente do contexto situacional e social. Trata-se, antes, de defender a ideia de que a cada situação corresponde uma variedade distinta da língua. (Perini, 1995: 33-34)

O português-padrão, que é a variedade linguística que desfruta de maior prestígio social, pois, segundo Mattoso Câmara, "serve para as comunicações mais elaboradas da vida social e para as atitudes superiores do espírito" (variedade da especulação filosófica, do tratado científico, das leis e atos do Governo, de parte da produção literária...), tem, evidentemente, o seu corpo de regras gramaticais, a sua norma. Não saber delas utilizar é se ver excluído de uma participação mais ampla e atuante na sociedade em que se vive. O ensino normativo deve ser entendido sempre como o ensino dessa variedade de maior prestígio social frente às demais variedades, sem fomentar, assim, a ideia equivocada, mas ainda forte em nossa sociedade, de que qualquer texto que contém construções não absorvidas pela gramática normativa é um mau texto. Textos há que, em razão da baixa escolaridade do seu autor, apresentam, além de problemas ortográficos, outros não condizentes com a norma culta, como os de concordância ou de pontuação, com clara influência ainda da oralidade, através, por exemplo, das repetições e da presença dos *aí, então*. No entanto, traduzem, muitas vezes, um relato eficaz, com os elementos necessários para torná-lo bem-sucedido. Eis um texto produzido por uma aluna da 6ª série, em escola pública supletiva noturna, situada no bairro de Barreto, em Niterói, frequentada por classe socioeconômica bastante humilde, texto já sujeito, com a orientação do professor, à prática de uma segunda reescrita (Santos, 1997: 57-106):

Violência policial em baile funk comunitário

Eu estava no baile da Brasília quando entrou a polícia e começou a atirar. Por causa desses policiais morreu uma criança de 8 anos e a mãe dela está no hospital com um tiro na cabeça e ela está apoder de aparelho, ela estava apenas sentada vendendo cerveja com a filha do lado, então na hora que a polícia entrou ela não teve como correr porque logo que ela levantou para correr com a garota eles deram tiros e mais tiros, foi aí então pegou nela e na filha. Agora vê as pessoas vão para o baile se divertir e acontece essas coisas tão apavorosas.

Eu corri tanto que cheguei a me ralar toda na parede, eu ia para um lado tinha polícia, ia para o outro tinha bandido, então não tinha como correr a não ser ficar deitada no chão.

Eu acho que coisa igual a essa eu nunca vi igual. Porque a mãe baleada no chão e a filha caiu por cima dela já morta, isso é uma violência terrível, porque quando tem baile eu acho que eles não deveria fazer essas coisas, será que eles não pensa ser alguém da família deles. Eu acho que não pensa nessa ocasião porque caso aconteça isso com a família deles ninguém vai ajudá-los.

A autora do texto acima consegue usar a modalidade escrita para contar uma história e tecer considerações pessoais sobre um episódio (há, pois, nele textualidade e não mera sequência de frases), apesar dos problemas em relação à norma culta, e apesar também de apresentar deficiências na própria estruturação como texto escrito, pela forte influência da oralidade informal sobre a escrita. É claro que entre esse texto produzido e um texto na variedade-padrão tem-se um bom caminho a percorrer. Mas como pondera Geraldi (1997: 130),

> Para percorrer este caminho, no entanto, não é necessário anular o sujeito. Ao contrário, é abrindo-lhe o espaço fechado

da escola para que nele ele possa dizer a sua palavra, o seu mundo, que mais facilmente se poderá percorrer o caminho, não pela destruição de sua linguagem na escola, mas pelo respeito a esta linguagem, a seu falante e a seu mundo.

Já outro texto, elaborado por candidato ao curso de Letras (Val, 1991: 60-65), não apresenta problemas maiores quanto à norma culta (poucas falhas no tocante à ortografia e à pontuação) e apenas a incompletude de uma frase no segundo parágrafo; sua estrutura formal corresponde à organização de texto dissertativo, com seu parágrafo introdutório, quatro de desenvolvimento e dois de conclusão. No entanto, é fácil constatar-se a sua falta de continuidade, associada à desarticulação, "com problemas na realização da coerência, da coesão e da informalidade que degradam seu padrão de textualidade". Que nota ou conceito terá obtido no vestibular este texto que se transcreve a seguir?

O homem como fruto do meio

O homem é produto do meio social em que vive. Somos todos iguais e não nascemos com o destino traçado para fazer o bem ou o mau.

O desemprego, pode ser considerado a principal causa de tanta violência. A falta de condições do indivíduo em alimentar a si próprio e a sua família.

Portanto é coerente dizer, mais emprego, menos criminalidade. Um emprego com salário, que no mínimo suprisse o que é considerado de primeira necessidade, porque os subempregos, esses, não resolvem o problema.

Trabalho não seria a solução, mas teria que ser a primeira providência a ser tomada.

Existem vários outros fatores que influenciam no problema como por exemplo, a educação, a falta de carinho, essas crianças simplesmente nascem, como que por acaso, e são jogadas no mundo, tornando-se assim pessoas revoltadas e agressivas.

A solução é alongo prazo, é cuidando das crianças, mostrando a elas a escala de valores que deve ser seguida.

E isso vai depender de uma conscientização de todos nós.

Por ter sido o português durante longo tempo (ainda o será hoje, por professores do vernáculo, por este Brasil afora?) identificado com o padrão culto, literário ou não, tornou-se o seu ensino prescritivo frequentemente proscritivo, decorrência da obsessão pelo "erro", encarada, pois, a língua como um "código de impedimentos", na expressão de Celso Cunha. Tinha-se e, ainda em parte, tem-se a gramática do *não*, pela repetição frequente dessa palavra negativa (ou sinônimos), orientação de um ensino gramatical bem ilustrado pelo conhecido método da "correção de textos", que chegou a alcançar grande difusão em nosso ensino, até meados do século passado, tão prejudicial à formação dos nossos alunos como leitores e produtores textuais, pelo arbitrarismo de tais exercícios, com a pretendida correção, por exemplo, de palavras e construções habituais a uma situação de uso da língua oral espontânea que um período procurava traduzir, pois o que se pretendia era veicular a ideia de língua como algo homogêneo e estável.

As questões de múltipla escolha, que passaram a se fazer necessárias em concursos de elevado número de candidatos, não deixam, sobretudo ao apresentarem em quatro opções formas ou construções gramaticais não condizentes com a norma culta, de se situar no campo do proscritivismo, exigindo dos candidatos a correção ou a não aceitação das quatro opções pelo erro existente. Um único exemplo:

"Só está CORRETA a forma verbal grifada na frase:

a) Deteram-na na própria casa;
b) Ele freiou o carro subitamente;
c) Os meninos se entretiam com essas brincadeiras;
d) Se mantiveres essas ideias, não terás sucesso;
e) Não dês ouvidos a quem te propor negociações desonestas."

Infelizmente, estas questões de múltipla escolha, com inegável ênfase no erro, invadiram os livros didáticos até do ensino fundamental e, assim, o espaço da sala de aula.

Reiterando, para concluir, a gramática normativa tem o seu lugar no ensino, mas o professorado não deve limitar o conceito de gramática a este papel prescritivo. Despertados para uma crítica contundente a um ensino que entendia como a língua apenas o seu nível culto, muitos professores vêm procurando substituir aulas de gramática normativa por aulas de gramática descritiva, atendo-se, no entanto, o mais das vezes, a uma mera preocupação metalinguística, longe, pois, de contribuir tal orientação para mostrar como uma língua se estrutura e funciona e para capacitar melhor o desempenho linguístico dos alunos. Esta preocupação metalinguística cinge-se às definições ou explicações dos termos gramaticais seguidas de exercícios de aplicação, geralmente através de frases descontextualizadas, com a apresentação já de novos conceitos, consequentes ao desenvolvimento dos estudos linguísticos, como o de coesão textual. Portanto, a metalinguagem assim cobrada dos alunos passa a ser praticamente a finalidade do ensino, com o que se dá uma evidente distorção dos objetivos deste, pois, o que nele deve prevalecer, ao longo das escolas de grau fundamental e médio, é procurar tornar o saber linguístico dos alunos, ou seja, a sua linguagem (primária), mais diversificado e eficaz. Familiarizar o educando com a metalinguagem é familiarizá-lo com um meio ou instrumento para que ele possa falar da língua de maneira mais sintética, através de termos referentes a conceitos e procedimentos gramaticais. Não se nega este seu valor. Desde o seu ingresso na escola, os alunos ouvem o professor falar, com frequência, em substantivo, adjetivo, verbo, pronome, masculino, feminino, singular, plural, aumentativo, diminutivo e tantos outros termos, começando também a se valer deles, sem ter, em relação a alguns, senão mero saber intuitivo, que muitas vezes se mantém, ao longo da escolaridade, longe de se tornar um saber mais consistente, por ineficiência do ensino. Sabe-se que um aluno estudioso pode rotular bem o mundo gramatical, e não ser um produtor textual ou um leitor competente; sabe-se também que um aluno que tenha certo desembaraço para escrever e ler, pode não ir bem no campo das classificações gramaticais.

7. O papel da gramática como metalinguagem no ensino

Li, em O Globo (de 22/07/2006), a história de um menino, de dez anos, que lançava o seu primeiro livro ("O homem sem sombra") e que declarava seu ideal de vida: trabalhar como escritor e cineasta. Contudo, este menino confessa que "o Português é seu verdadeiro superinimigo na escola". "Ele está em recuperação". "Adjetivos são difíceis", diz ele. Então, apesar de saber e de gostar de escrever e ler, ele está sendo um mau aluno em Português. Como entender? O que quis dizer com "Adjetivos são difíceis"? A notícia do jornal nada elucida. Não se poderá entender, metonimicamente, a dificuldade com os adjetivos como a dificuldade com a metalinguagem, em geral, com as classificações?

É interessante documentar que já em Rui Barbosa (*in* Geraldi, 1991: 125-129) encontramos, em texto de 1883, crítica candente ao ensino do vernáculo de então, por privilegiar justamente o ensino da metalinguagem. Eis três trechos de Rui a este propósito:

> Na escola atual, o ensino começa pela síntese, pelas definições, pelas generalizações, pelas regras abstratas.
>
> O fruto desse processo irracional é digno do método, que sistematiza assim a mecanização da palavra, descendo-a da sua natural dignidade, para a converter numa idolatria automática do fraseado.
>
> Acredita-se ainda que o processo de ensinar está em definir.

O ensino descritivo entre nós recorre ainda à memorização (dos conectivos, por exemplo), o que leva a classificações automatizadas, sem que os estudantes, quase sempre, saibam justificar o seu "saber" classificatório (o segundo trecho de Rui Barbosa acima citado traduz esta realidade pedagógica). Ante um *embora*, não é difícil que classifiquem a oração como subordinada adverbial concessiva. Mas por que subordinada, por que adverbial? E o que significa "concessiva"? Perde-se muito tempo também com a discussão improdutiva de funções sintáticas (complemento nominal ou adjunto adnominal?) ou de classificações de orações (coordenada explicativa ou subordinada causal?), por exemplo.

Vejo na gramática descritiva um instrumento de grande validade para uma iniciação científica do estudo da língua, a ser utilizado para o objetivo básico de interpretar e compreender um aspecto tão fundamental do universo social em que vivemos, embora a maioria dos falantes não costume pensar muito sobre a língua e não esteja acostumada a tê-la como foco de atenção, a não ser quando a utilização de uma palavra ou de uma construção pareça duvidosa. Não se deve, de forma alguma, passar para a consciência dos alunos a ideia de que a gramática é uma criação arbitrária e já pronta. Ao contrário, a orientação que deve prevalecer é a de que a gramática tem assento na linguagem viva, não só, pois, num texto escrito comentado em sala de aula, mas também nos textos dos próprios alunos ou na exposição docente. Já a ideia de gramática como pronta, cabendo apenas ao professor ditar determinado número de regras, é incompatível com um ensino que seja um dos meios fundamentais pelos quais os alunos crescerão e se libertarão intelectualmente.

Logo no início da escolaridade, no tocante ao sistema gráfico, o professor poderá estimular seus alunos, no lugar de fornecer-lhes a regra, a precisar quais vocábulos devem ter, no seu interior, um *m*, e não um *n*, em posição pós--vocálica (*campo, rombo,* mas *tinta* ou *linda*). Esta atitude de estímulos à observação, a uma pesquisa incipiente, no intuito de depreender uma regra, deve ser uma constante durante os níveis fundamental e médio da escola, num grau de complexidade crescente. Concordo com a crítica de Perini (1995: 31) ao nosso ensino em geral:

> Se há algo que nossos alunos em geral não desenvolvem durante sua vida escolar é exatamente a independência do pensamento. O estudante brasileiro (e, muitas vezes, também o professor) é tipicamente dependente, submisso à autoridade acadêmica, convencido de que a verdade se encontra, pronta e acabada, nos livros e nas cabeças das sumidades. Daí, em parte, a perniciosa ideia de que educação é antes de tudo transmissão de conhecimento — quando deveria ser em primeiro lugar procura de conhecimento e desenvolvimento de habilidades.

Esta verdade se aplica muito particular e acentuadamente ao ensino da gramática. Claro, os "momentos de pesquisa", nas aulas desta disciplina, exigem toda uma mudança na formação do professor. Em sua formação linguística, ele deve assimilar a ideia de que estudar (e, pois, ensinar) gramática não é simplesmente conhecer cada vez melhor o que os gramáticos mais respeitados disseram. Afinal, a atividade linguística, e, pois, a gramática internalizada que por ela se manifesta, está sempre presente, em todos os lugares e momentos, aberta à possibilidade de pesquisa, desde o início da vida escolar, ainda que para confirmar o que já tenha sido estipulado em regra. Para se exercitar tal prática pedagógica, a orientação linguística do professor terá de ser mudada, então, ante o objeto do seu ensino e, assim, mudada também a imagem, certamente hegemônica nos graus fundamental e médio do sistema escolar, de que a gramática não dá espaço para se falar em pesquisa. Na verdade, toda uma tradição de ensino gramatical perpassou para a sociedade uma visão dogmática da gramática, pertença de alguns especialistas e de falantes privilegiados, pela sua condição sociocultural.

Por que não dar aos alunos a oportunidade da descoberta do emprego de um *ele*, de um *este* dêitico ou anafórico, dos artigos definido e indefinido na referência a pessoas ou coisas conhecidas ou não conhecidas, de um imperfeito do indicativo em oposição ao perfeito, e tanto mais? Nos textos orais, por que não estimular a percepção da sílaba mais forte dos vocábulos, a entoação das frases? Não terá o professor de Português um caminho provavelmente mais interessante e motivador para que seus alunos, parte deles ao menos, se tornem mais propensos a olhar a sua língua, observando-a em suas manifestações concretas, uma palavra ou construção que seja, mesmo fora da sala de aula? Não poderão, deste modo, interessar-se mais por estudar a gramática, se forem estimulados ao mesmo tempo a fazer gramática?

Costumo mostrar às minhas turmas da disciplina *Linguística e ensino de Português* como empreendo, às vezes, minhas pequenas pesquisas gramaticais. A que mais me reporto foi a que realizei, há alguns anos, uma vez por

7. O papel da gramática como metalinguagem no ensino

semana, entre feirantes que trabalhavam em suas barracas, em local próximo da minha residência. O interesse, por tentar formular uma regra gramatical com base na fala dos feirantes começou ao lhes perguntar os preços das mercadorias. "– Quanto custa ou quanto devo? – Um real, dois real, três real, quatro reais...". A atenção do estudioso do comportamento linguístico foi então crescendo. As perguntas passaram a ser reiteradas intencionalmente para melhor poder me certificar da precisão dos dados que meus informantes me forneciam. "– Quanto mesmo? – Três real, quatro reais". Ao fim de umas poucas semanas, eis-me ante uma regra sujeita a pouca variação: todas as vezes que pronunciavam, no numeral, um fonema, em geral chiante, em posição pós-vocálica (dois, três, seis, dez), tomavam tal fonema como indicador de plural (à maneira de *casas, livros*) e deixavam de pronunciar este mesmo elemento em *real*, com a vocalização do -ℓ. Configurava-se, na verdade, uma regra da variedade popular: *as casa, os livro*, com a categoria de número plural indicada apenas na forma do artigo, sem a redundância da variedade culta: *as casas, os livros*. Insisto neste ponto: temos de nos mostrar interessados em observar, investigar, analisar o objeto em foco, eis o fator primeiríssimo para querermos nos aproximar destas iniciativas de pesquisa. Desnecessário enfatizar mais o papel do professor como grande instigador e orientador.

Uma gramática descritiva, sabe-se, não tem nenhuma pretensão normativa. Se vai contra o autoritarismo tradicional absolutista, que defende um preceptismo inflexível inaceitável, vai de encontro também à negação de formulação de regras, à orientação de "deixar a língua em paz" — título, que se tornou muito conhecido, de uma obra do linguista americano Robert A. Hall Jr. (*Leave your language alone*, 1950), segundo a qual a linguagem se desenvolveria muito melhor em estado de completa liberdade, sendo nociva qualquer padronização, e que propiciou o justo comentário de Rosemblat (1967: 120): "implicaria la repetición de la experiencia de Babel, la desintegración de la comunidad social". Afinal, concluiria ele: "Viver es convivir, sobre tudo en materia del lenguaje" (p. 120).

Numa perspectiva puramente descritiva, constata-se hoje, por exemplo, que existem no português brasileiro estas maneiras de dizer ou traduzir uma mesma realidade extra-linguística: *nós vai, a gente vamos, a gente vai, nós vamos.* O gramático descritivista não tem a função de apontar erros, mas não tem de se ater à mera constatação da coexistência dessas formas. Pode e deve ir além, levando em conta, acerca dessas estruturas, não apenas que uma delas foi utilizada, mas também quem a utilizou ou quando a utilizou. Poderá constatar ainda a censura que as duas primeiras formas se prestam na avaliação de pessoas cultas, justamente por não a empregarem.

O ensino da gramática descritiva, essencialmente taxionômico, como, em geral, se processa entre nós, deveria ser orientado bem diferentemente, no sentido de levar o aluno à prática consciente, no campo da sintaxe, por exemplo, de padrões alternativos, de forma a ter ele, a seu dispor, a gama mais variada possível de construções disponíveis de sua língua. Afinal, aprender uma língua não é, na verdade, aprender novos modos ou estratégias de dizer, para um mesmo contexto ou para contextos diversos? Assim, não será de muito maior validade, quando se pensa, e deve se pensar sempre, no desenvolvimento da competência linguística dos alunos, a apresentação de construções alternativas de uma oração causal, ou melhor, os vários modos de expressar a relação de causa-consequência, no lugar de apenas exigir--lhes a classificação desta oração? Tomemos um pequeno trecho de um conto de Clarice Lispector ("A Fuga"), com que a turma estivesse trabalhando:

> Quis sentar num banco do jardim, porque na verdade não sentia a chuva e não se importava com o frio. Só mesmo um pouco de medo, porque ainda não resolvera o caminho a tomar. O banco seria um ponto de repouso. Mas os transeuntes olhavam-na com estranheza e ela prosseguia na marcha.

O professor pode chamar a atenção da turma para as duas ocorrências do *porque* neste trecho. Esclarecido o seu valor causal, alunos e professor tentarão recorrer a outras construções causais, com base, digamos, no primeiro *porque*: "Quis sentar num banco de jardim, porque na verdade não sentia a chuva e não se importava com o frio". De toda utilidade, será aproveitar a oportunidade para ir mostrando a relação causa-consequência no período, esta última noção expressa pela oração principal "Quis sentar num banco do jardim", afastando, assim, a equivocada identificação da ideia de consequência com a da oração subordinada consecutiva. A seguir algumas outras construções (oracionais), com a explicitação dos dados formais que servem de expressão ao valor causal, construções que exigem um domínio maior dos recursos da língua culta do que o da oração introduzida pelo *porque*:

- *Como na verdade não sentia a chuva e não se importava com o frio, quis sentar num banco do jardim.* (a oração causal antecede a principal)

- *Por não sentir na verdade a chuva e não se importar com o frio, quis sentar num banco do jardim.* (a oração causal antecede a principal, com o verbo no infinitivo precedido de preposição)

- *Não sentindo na verdade a chuva e não se importando com o frio, quis sentar num banco do jardim.* (a oração causal antecede a principal, ausência de conectivo, com os verbos no gerúndio)

- *Quis sentar num banco do jardim: não sentia na verdade a chuva e não se importava com o frio.* (a oração causal sucede a principal, ausência de conectivo, pausa após a oração causal, expressa pelo emprego dos dois-pontos)

Tenho dúvidas de que esta preocupação de ir conscientizando o aluno das alternativas de construção sintática – exemplos de como a língua se estrutura e funciona na expressão de "causa" – seja em geral sentida como ensino de gramática, reduzido, como vimos, frequentemente, a testar o domínio da norma culta e a aferir o conhecimento da metalinguagem com base nas unidades desta norma.

Observe-se que estas construções alternativas para a expressão de causa podem ser consideradas como pertencentes a uma mesma língua funcional. Entenda-se por língua funcional, com Coseriu (1980: 113):

> Uma técnica linguística determinada (isto é: unitária e homogênea) dos três pontos de vista [...] quer dizer, um só dialeto em um só nível e num só estilo de língua – ou, em outros termos, uma língua *sintópica, sinstrática e sinfásica* [...]. O adjetivo "funcional" encontra, neste caso, a sua justificação no fato de que somente esta língua entra efetivamente nos discursos (ou "textos"). Num só e mesmo discurso pode, é claro, ocorrer mais de uma língua funcional (por exemplo, num discurso narrativo, um modo de falar do narrador e outro modo dos seus personagens), mas a cada momento do discurso se apresenta sempre e necessariamente *uma* língua funcional determinada.

A ocorrência de mais de uma língua funcional num texto pode e deve ser focalizada pelo professor, com a escolha, por exemplo, de contos ou crônicas, de que participem personagens de distinto nível sociocultural (com níveis de língua bem distintos), além do narrador, de primeira ou terceira pessoa. Como mera sugestão, lembro a crônica de Fernando Sabino, "Albertine Disparue", que integra o seu conhecido livro de crônicas *O homem nu*, crônica objeto de um artigo meu (Uchôa, 2002: 83-97). Em se tratando de texto literário, como já se evidenciou, o contraste da fala de um analfabeto com a de um homem culto persegue um objetivo de ordem estética: a realidade conversacional entre personagens de universos culturais bem afastados, a fim de o leitor se sentir envolvido pela ilusão de estar ouvindo uma narrativa falada, o que requer sempre da parte do escritor um trabalho apurado de elaboração linguística, configurando-se, por conseguinte, um estilo de língua, ou registro, formal. No âmbito de um ensino descritivo, cabe registrar as ocorrências linguísticas mais típicas dos personagens de distinto perfil social, com a constatação, pois, dos diversos modos de dizer de mais de uma língua funcional, não deixando, assim, de propiciar também aos alunos uma perspectiva sociolinguística do discurso dos falantes com base no texto.

O conhecimento da estrutura da língua tem particular interesse pedagógico quando identifica formas gramaticais e tipos de frase responsáveis por ambiguidades frequentes nos textos (logo, nos textos dos alunos também), servindo assim para pôr os estudantes atentos quanto à possibilidade de falta de clareza nestas estruturas linguísticas, não nos esquecendo ser a clareza a qualidade central de quem fala ou escreve. A sua importância decorre das próprias funções essenciais da linguagem, a função interna, ou cognoscitiva, e a função externa, ou comunicativa, esteios para o desenvolvimento de todo cidadão, como ser pensante e como ser social. Mattoso Câmara (1961: 196-198) identifica cinco destes contextos propícios a ambiguidades: o sujeito em certo padrão frasal (como em "Destruíram os aviões os canhões antiaéreos"); o uso do pronome possessivo de terceira pessoa (como em "A linguagem desses oradores reflete a sua falta de objetivo"); o uso do pronome relativo *que* (como em "Eis a estratégia fundamental de Napoleão, que nós todos temos de admirar sem reservas"); o uso da preposição *de* (como em "Foram projetados foguetes contra cidades inimigas do nosso país") e o uso do *se* (como em "Faltam muitos cavalos que se perderam nos bosques"). Mattoso Câmara apresenta, para cada caso, procedimentos linguísticos em que se pode evitar a ambiguidade estrutural.

As gramáticas descritivas não parecem ter alcançado maior penetração nos Cursos de Letras e, assim, maior peso na formação linguística do futuro professorado de Língua Portuguesa. Nenhuma delas, é certo, exerceu a influência sobre a parte descritiva de nossas gramáticas de objetivo normativo e mesmo sobre os nossos manuais didáticos que os estudos descritivos de Mattoso Câmara, em certa época. Embora, infelizmente, não tenha chegado a levar a cabo uma gramática descritiva do Português, coube a ele, reconhece Sílvio Elia, ao escrever a orelha da obra certamente mais abrangente de Mattoso sobre a nossa língua, *História e estrutura da língua portuguesa* (1975), "entre outros méritos, o de reabilitar os estudos gramaticais no Brasil. Bem equipado cientificamente, deu início a uma reformulação da gramática da língua portuguesa".

Das gramáticas descritivas posteriores aos estudos mattosianos, pode-se destacar, pelo inegável prestígio acadêmico de seus autores, a *Gramática da língua portuguesa*, de Maria Helena Mira Mateus *et al.*, publicada em Portugal, em 1983. Nunca me pareceu, apesar dos seus indubitáveis méritos, com o tratamento das questões feito com base nos instrumentos teóricos considerados, para cada uma delas, mais adequados e com maior poder de explicitação, a gramática por que clamava o ensino universitário brasileiro. Em muitos anos de magistério superior, após a sua publicação, não a vi mencionada por aluno algum, mesmo no nível de pós-graduação.

Em 1995, já se disse, Perini publica a sua *Gramática descritiva do português*, que, até onde pude observar, não exerceu, com sua orientação bastante inovadora, maior influência sobre os alunos que pretendem ser professores de Língua Portuguesa, ao contrário de *Para uma nova gramática do português* (1985), obra de cerca de noventa páginas, onde intenta, digamos, explicitar as bases para a construção de uma nova gramática, mais consistente, obra, pois, de caráter introdutório, bastante citada em trabalhos de meus alunos, com algumas de suas pertinentes reflexões sendo mesmo debatidas em sala de aula.

Em 1999, Neves lança a sua *Gramática de usos do português*, com mais de mil páginas, com base em textos escritos diversos da língua (técnicos, oratórios, jornalísticos e dramáticos, além de romances), "o que garante diversidade de gêneros e permite a abrangência de diferentes situações de enunciação". Para esta *Gramática*, "a real unidade em função é o texto, o que está colocado em exame é a construção de seu sentido". Ou, em outras palavras da autora:

> O que está abrigado nas lições é, portanto, a língua viva, funcionando e, assim, *exibindo todas as possibilidades de composição que estão sendo aproveitadas pelos usuários para obtenção do sentido desejado em cada instância.* (p. 13) [grifo meu]

Constata-se, pois, que se trata de uma gramática voltada para o estrato semântico concernente ao texto, o sentido, e não ao da língua, como sistema abstrato. Se uma gramática descritiva, direcionada para o estrato semântico concernente à língua, o significado, arrola, digamos, uns poucos exemplos do *mas*, atendo-se fundamentalmente à sua função invariante de oposição ou contraste, já uma gramática de usos, como a de Neves, atenta às mais variadas possibilidades contextuais das construções em que ocorre o *mas*, reserva 14 páginas (757-770) para analisar os valores semânticos dessas construções. Num exemplo tirado da obra de Neves (p. 761), "Escrevi, inclusive, poesias, *mas* apenas **como diletante**", constata-se que a autora não se limita ao valor significativo da conjunção: especifica ou acrescenta que ocorre, neste contexto, um "circunstante limitador", que restringe, por acréscimo de informação, o que acaba de ser enunciado no primeiro membro coordenado. Percebo a *Gramática* de Neves consultada em trabalhos na Universidade, para a coleta de contextos diversificados em que aparece um pronome, uma preposição, uma conjunção...

Na verdade, o que prevalece nos nossos Cursos de Letras, atualmente, é a adoção de um compêndio específico para o estudo da Fonologia, outro para o da Morfologia, outro, ou mais de um, para o campo mais amplo da Sintaxe, outro(s) para a área do texto/discurso, e assim por diante. Em geral, não se toma *uma* Gramática como orientação geral para o estudo do Português. O que pode acontecer, e acontece, é o professor recorrer apenas a um capítulo desta ou daquela Gramática, cujo próprio índice geral ou sumário é até ignorado pelos alunos. Universos teóricos diversos e, muitas vezes, pouco acessíveis a boa parte até mesmo do nosso magistério superior, de estruturação extremamente diversa das gramáticas tradicionais, além do desprestígio da gramática como disciplina, com o privilegiamento claro de outros campos de estudo mais específicos, como os da Sociolinguística, da Linguística do Texto ou da Pragmática, são certamente alguns dos principais fatores responsáveis pela não adoção e aceitação de gramáticas por profissionais responsáveis, na Universidade, pelo estudo e pelo ensino da língua, com evidentes repercussões na formação do professorado que vai trabalhar nos níveis fundamental e médio do sistema escolar.

Em 2000, Azeredo lança seus *Fundamentos de gramática do português*, com o propósito de

> oferecer uma análise do mecanismo gramatical do uso culto corrente do Brasil que, além de bem fundamentada em *corpus* escrito representativo, seja não dogmática e acessível ao leitor médio, estimulando-o a tirar suas próprias conclusões mediante a observação dos fatos da língua. (p. 12)

O *corpus* representativo a que alude, que procura retratar a língua escrita viva, sem um intuito normativo, é o constituído de "textos de jornais e revistas dos grandes centros urbanos, assim como de obras técnicas, científicas e ensaísticas". O sumário desta obra estrutura--se em duas partes. A primeira é, como está declarado na contracapa, uma iniciação mínima à linguística, reveladora de leituras atualizadas do autor; a segunda trata do conteúdo descritivo de qualquer língua, segundo Azeredo, ou seja, Fonologia, Morfologia e Sintaxe, em que vários itens são indicativos também de suas leituras de estudos mais recentes. Fundamentação acessível ao professorado e mesmo aos alunos de Letras, a estruturação da obra que a mantém próxima à das gramáticas que firmaram uma longa tradição no nosso ensino do vernáculo, uma exemplificação convincente e bem selecionada, eis alguns fatores, para mim, explicativos de estar sendo esta obra considerada mais ao alcance de professores universitários que tenho consultado nesses últimos anos. Seria difícil, pois exigiria um trabalho de pesquisa, falar detidamente da influência de *Fundamentos de gramática do português* sobre os manuais didáticos, enfim, sobre o ensino descritivo da nossa língua, na Universidade e fora dela. Minha intenção se limita ao registro de sua presença, que me tem parecido mais assídua, no espaço acadêmico pelo menos do Rio de Janeiro, foco maior de minha observação, sem jamais me mover a intenção de confrontá-la, em qualquer perspectiva, com as gramáticas descritivas anteriormente mencionadas, cada uma delas com o seu universo teórico bem distinto das demais, todas no afã de delinear novos rumos da descrição gramatical da nossa língua, embora praticamente não venham exercendo, por razões já levantadas, repercussão sobre o ensino do Português nos níveis fundamental e médio. Não posso deixar de acrescentar ao pequeno elenco das gramáticas descritivas do vernáculo a *Gramática da língua portuguesa*, com o subtítulo Gramática da palavra. Gramática da frase. Gramática do texto/ discurso, de Mário Vilela em colaboração com a linguista brasileira Ingedore Villaça Koch, publicada em 2001, em

Portugal. Também não teve, ao que sei, acolhimento significativo no ensino universitário brasileiro, com base em informações de colegas que atuam em diferentes espaços acadêmicos.

8. Os diversos planos da gramática e o ensino

Já vimos que, com base nos três planos ou níveis da linguagem preconizados por Coseriu – o universal, a que corresponde o saber elocucional ou o saber falar em geral, o histórico, a que corresponde o saber idiomático ou o saber falar certa língua, e o individual, a que corresponde o saber expressivo ou o saber organizar um texto em circunstâncias determinadas –, teremos, em relação à disciplina gramática, respectivamente, a teoria (ou as definições), a descrição e a análise. Já se falou do papel ou do objetivo da gramática geral ou teórica, da gramática descritiva e da análise gramatical. Cabe, agora, indagar-se em que medida devem participar estes três planos no ensino da gramática.

O plano da teoria deve ser focalizado com cautela e muitas limitações ao longo do ensino fundamental, já que supõe abstrações que muitas vezes o aluno não está ainda capacitado a realizar no mundo dos conceitos, como o da categoria de tempo ou o de discurso indireto livre. Penso que o professor deverá contentar-se com que o aluno, por si próprio de preferência, chegue intuitivamente a noções gramaticais, como a do verbo como palavra que se conjuga e que, por isso mesmo, apresenta grande variedade de formas, com que estará seguramente sabendo distinguir o verbo do nome ou do pronome, por exemplo. Como adverte com razão Piccardo (1956: 14), recomendar que o ensino gramatical seja simples e elementar (sobretudo no seu plano teórico) não pode chegar nunca a admitir o falso. Se a gramática é uma disciplina já em si complexa, muitas vezes se fará necessário reduzir tal complexidade, mas sempre com o cuidado de não se chegar ao falso.

> Una noción incompleta puede ser perfeccionada más tarde sin ocasionar perjuicio; una noción falsa compromete las futuras adquisiciones. Por ejemplo, la definición que dice: "la oración es una expresión con sentido que no se puede dividir en partes menores que tambien lo tengan", aunque cientificamente objetable, no será obstáculo posterior para perfeccionar el concepto; en cambio, definir el predicado nominal diciendo que "es el que contiene los verbos *ser* o *estar* es falso, escamotea la base en que dicha clasificación se funda y crea una dificultad para comprender luego que existen predicados nominales sin esos verbos e que hay otros que, teniéndolos, son verbales.

Não creio que, no curso fundamental, se necessite da explicitação de um sistema de noções gramaticais que configure os postulados de uma teoria, mas sim, como defende

Franchi (1987: 39), de os recursos gramaticais virem a ser operacionalizados pelo falante.

Antes de saber o que é um substantivo, um adjetivo, um advérbio, é preciso ter-se servido efetivamente dessas distinções gramaticais no trabalho de construção e reconstrução das expressões.

Ao operar concretamente, na produção textual e na leitura, com palavras como *legal, legalidade, legalizar, legalmente*, por exemplo, o aluno vai comparando o procedimento gramatical delas e passa naturalmente a distingui-las, sem que lhe sejam dados critérios, ou definições, mas porque ele lida efetivamente com elas na construção e transformação das orações. Em suma, é no longo exercício de operação sobre a língua que se pode compreender melhor a função de cada uma das palavras acima selecionadas. Uma teoria gramatical consistente e abrangente não me parece nem mesmo objeto de ensino do curso médio, mas sim dos Cursos de Letras, embora, evidentemente, ela já deva ser objeto de mais reflexão no próprio ensino médio, uma vez que tem sua utilidade inegável, como adiante se explicitará.

O nosso ensino gramatical, por enfatizar tanto a metalinguagem, chega a privilegiar, improdutivamente, as definições gramaticais, como pudemos atestar em manuais didáticos (nem todos!) e em conversas continuadas com alunos de pós-graduação que já são docentes. Para ilustrar, eis um exercício bem representativo desta orientação: após a conceituação de sujeito (muitas vezes inconsistente), solicita-se que se sublinhe os sujeitos de várias frases soltas (cujo sujeito naturalmente se ajuste à conceituação dada) ou diga quais os sujeitos compostos que nelas ocorrem. Este tipo de orientação (definição mais exercícios de classificação) se repete com frequência, mormente com classes de palavras, funções sintáticas e orações, contribuindo mais para a formação de "rotuladores gramaticais" do que para a formação de leitores e produtores textuais capacitados.

Não se conclua, contudo, que noções de teoria gramatical não encontrem justificativa para serem acolhidas no ensino fundamental e médio, apesar de não terem aplicação prática maior no desenvolver as habilidades de produção e compreensão de textos orais e escritos. Mas há razões que as tornam úteis e mesmo desejáveis no ensino do vernáculo. Que finalidades pode haver em trabalhar com teoria gramatical fora dos Cursos de Letras?

Um primeiro objetivo, apontado por Travaglia (2003: 98-101), entre outros estudiosos, é a "informação cultural". Se numa sociedade moderna, como a nossa, uma massa de informações científicas, em vários campos do conhecimento, é parte importante do acervo de conhecimentos comuns às pessoas cultas, como não considerar o fenômeno social da língua "que perpassa todas as nossas situações de vida e praticamente dá forma a tudo o que somos, pensamos, sentimos, inclusive como grupo social e cultural"? É, pois, altamente defensável um esboço gradativo, um quadro geral, de uma teoria gramatical no ensino fundamental e sobretudo no médio, se os nossos alunos recebem certa formação em História, Geografia, Química, Física ou Biologia. Na verdade, como haver uma disciplina não sustentada por uma teoria? Como não se esperar de um cidadão instruído

8. Os diversos planos da gramática e o ensino

o conhecimento de que os vocábulos comportam sílabas e fonemas, que radicais, prefixos e sufixos são utilizados na formação de palavras, que a língua apresenta palavras flexionadas, que ela admite categorias como as de gênero, de número, de pessoa e de voz, que há distinção entre um nome e um pronome, para me ater a alguns tópicos do estudo teórico?

O que é condenável, por improdutivo, na formação de usuários competentes no uso da língua, é tornar o estudo da teoria gramatical, com a sua metalinguagem própria, o centro ou o objetivo maior no ensino da língua, exigindo com insistência dos alunos conceitos e classificações, válidos, frequentemente, apenas para o espaço da sala de aula, na resolução de exercícios e provas.

O estudo da teoria gramatical acha-se ligado ao da metalinguagem, embora seja possível referir-nos a elementos da língua sem nos valer de nomenclatura técnica, falando, por exemplo, na forma tal, no trecho das duas primeiras linhas, e assim por diante. Mas não há como negar a utilidade de poder usar da metalinguagem

> como *recurso auxiliar no ensino da língua*, servindo como meio auxiliar, mediação na discussão da língua [...] O que se tem então é o domínio pelo aluno de nomenclaturas para facilitar a referência a elementos da língua que são foco nas atividades. O professor então poderia dizer coisas como: "este verbo", "esta conjunção" ou "este conectivo", "este operador argumentativo", "esta oração", "este parágrafo", o "presente do indicativo" ao contrário do "pretérito imperfeito do indicativo" [...]. (Travaglia, 2003: 103)

O próprio Travaglia (2003: 102) e também Perini (1995: 29) nos mostram que algum conhecimento teórico sobre a língua tem aplicação imediata na vida das pessoas, embora bem restrita. Seria, digamos, o caso em que se encontra em um texto uma forma verbal flexionada como *pesquisávamos*. Sem o conhecimento de que se trata de um verbo e de que o que aparece no dicionário é sempre a forma do verbo no infinitivo (*pesquisar*), pode o aluno ou qualquer outra pessoa, sem este saber, não localizar a forma encontrada no dicionário, onde vão aparecer apenas outros itens lexicais com o mesmo radical: *pesquisa, pesquisador, pesquisável*.

De sorte que pode também a teoria gramatical, embora limitadamente, ter como segundo objetivo no ensino da língua constituir-se num conhecimento para algumas aplicações práticas.

Por fim, um terceiro objetivo da teoria gramatical no ensino da língua está em desenvolver nos alunos habilidades intelectuais de observação e raciocínio, proporcionando momentos de iniciação à pesquisa linguística, de que já falamos anteriormente. Com muito discernimento, Travaglia (2003: 105) pondera:

> Evidentemente, isso daria aos participantes de atividades dessa natureza a certeza de que a verdade sobre qualquer fato ou fenômeno do mundo natural e/ou social não está pronta em livros e dita por autoridades de qualquer tipo, mas que as hipóteses e teorias das ciências constituem um corpo de conhecimento que pode ser criticado, reelaborado, refutado, ser acrescido de novas descobertas, pois dificilmente se terá

dito a última palavra sobre qualquer fato ou fenômeno, *inclusive os da língua*. [grifo meu]

E a gramática é um campo privilegiado para o exercício dessas atividades de pesquisa, pois está sempre presente em todos os atos de fala, permeia a vida social a cada momento. Trata-se, assim, de excelente oportunidade para o professor verificar com os seus alunos a validade ou não de certos conceitos de dada teoria, como os apresentados pela teoria da gramática tradicional em relação, por exemplo, à classe "advérbio" e às chamadas palavras denotativas. Podemos encontrar críticas à teoria da gramática tradicional em vários autores, como em Hauy (1983), Bechara (1985), Luft (1985) e Perini (1985 e 1995). Não se pense, contudo, que é só a teoria gramatical tradicional que está sujeita a críticas. Em sua *Gramática descritiva do português*, obra séria, inovadora doutrinariamente, Perini deixa de distinguir, por exemplo, sistema (como conjunto de possibilidades) de norma (como conjunto de opções fixadas pela tradição). Assim, considera como inaceitáveis ou malformadas ou agramaticais (nível idiomático) estruturas como *Juracy muito bebe (p. 88), *O japonês ataque (p. 105) ou *Um cardíaco ataque (p. 105). Tais estruturas não são habituais, mas podem ocorrer em certos contextos, empregadas com uma determinada finalidade expressiva, como a da galhofa.

O segundo plano referente ao estudo gramatical, consoante a tricotomia coseriana, é o da descrição, situado no nível do saber idiomático. Sem dúvida, a sua importância no ensino da língua, pautado em certa teoria gramatical, é que vai possibilitando aos estudantes, com o desenvolvimento da instrução do vernáculo, uma noção mais sistematizada da estrutura e do funcionamento do idioma. Claro está que a descrição gramatical está francamente direcionada na escola para o melhor conhecimento da norma culta. Não poderia ser de outra maneira, pois é esta norma que os alunos precisam adquirir, embora, como já se viu, os confrontos com as normas que são do domínio de um alunado bem diversificado cultural e linguisticamente sejam de grande utilidade pedagógica.

Pode-se observar, atualmente, no ensino de Português duas tendências opostas: uma mais antiga, que parte da descrição, da síntese antecedendo a análise. São exemplos, entre tantos outros, desta orientação: apresentar, como gramática já pronta, os processos de formação de palavras, devidamente exemplificados, a que se seguirão exercícios de classificação, comprobatórios ou não da compreensão do que foi explanado. A mesma orientação é adotada em relação a outros pontos gramaticais, seja o da classificação das orações coordenadas e subordinadas, seja o de casos de concordância nominal e verbal, e assim por diante. Em suma, não há, assim, como "fazer gramática", é só estudar as "lições" de gramática transmitidas pelo professor. O resultado de tal orientação é que acaba fazendo prevalecer a obsessão classificatória como o verdadeiro objetivo do ensino gramatical.

A outra tendência em voga, já de uns tempos para cá, é a negação da validade da sistematização gramatical, certamente como uma reação até justa, mas exagerada, contra um ensino que acumulava o domínio de regras e classificações. Partiu-se, então, para uma orientação em que os fatos gramaticais são focalizados por mero acaso, pela sua ocorrência textual. De modo que, se na aula de hoje o texto é rico em verbos bitransitivos, seja esta noção explorada; se na aula de amanhã o texto é pródigo em orações subordinadas adverbiais, delas se trate, sem qualquer planejamento linguístico-pedagógico para a sequência dos tópicos a serem focalizados. Não posso estar de acordo com um ensino gramatical centrado em conceitos e classificações (base de uma gramática descritiva), nem tampouco com um ensino limitado a ocorrências textuais (base de uma gramática de usos). Não me parece que estas duas orientações, isoladamente, sejam válidas para que os alunos venham a apreender, ao final do curso, a língua como um sistema, um todo organizado, em suas oposições e correlações, na verdade, fundamento essencial da gramática.

Advogo que o ensino da gramática, durante bom período do sistema escolar, a depender sempre do maior ou menor domínio dos fatos da língua revelado pela turma, deve partir do método indutivo, ou seja, do uso, dos exemplos concretos tirados de textos orais ou escritos, para o aluno, com a orientação do professor, ir assimilando certas noções e, ao mesmo tempo, criando hábitos de observação e reflexão sobre a prática linguística. A atenção do professor deve estar sempre voltada, evitando a dispersão, para uns poucos aspectos gramaticais que se repetem no contínuo dos textos escolhidos, como que abrindo o caminho para, em dado momento, acumuladas informações sobre determinado tópico gramatical, poder ele apresentar uma síntese deste tópico, já então sem praticamente estranheza por parte da turma. Assim, depois de reiteradas vezes falar, com base em textos e em exemplos que, estimulados, os alunos apresentarão, sobre noções de prefixo, sufixo, radical, composição, derivação e outras, poderá o docente apresentar um quadro resumitivo deste importante item gramatical, o da formação de palavras, com o que já estará colaborando para a descrição da língua. Ficará, desta maneira, o alunado sabedor, em certo momento de seus estudos, através de que recursos gramaticais novas palavras vão se formando e se fixando no uso da língua. Esta nunca está pronta, é sempre um sistema aberto a inovações, sobretudo lexicais. Saber uma língua é também saber o que possa ser dito, pressupondo por isso a compreensão de termos inusitados, mas com base nos recursos linguísticos disponíveis no sistema linguístico. A clássica distinção coseriana entre sistema e norma (sistema, reitere-se, como o conjunto de possibilidades de que se pode valer o falante para se expressar em uma dada língua, e norma como o conjunto de formas que corresponda ao que habitualmente se diz no grupo social) é muito importante, não só na criação estética dos textos literários, mas também na própria linguagem do dia a dia. O estudante que tiver apreendido bem os recursos para a formação de palavras no português não estranhará certamente ante o inusitado *imexível*, empregado, há alguns anos, por um ex-ministro, emprego que causou tantos comentários negativos na sociedade, forma, contudo, que obedece ao mesmo processo de formação de *ilegível, imperecível, improvável*, entre outras tantas palavras.

    Outro caminho para o ensino da gramática, ainda no nível da descrição, e partindo também de exemplos concretos de textos orais e escritos, é o de considerar as alternativas que estruturas de um texto comportam, abrindo-se, deste modo, o leque de variedades de recursos expressivos com que pode contar o falante ou o escritor para a construção do sentido, como atrás já se exemplificou em um conto de Clarice Lispector, tomando uma oração causal como exemplo. Quando se fala em textos orais e escritos, não podem ficar de fora os textos produzidos pelos alunos, no exercício, que deve ser habitual, de construção e reconstrução das expressões da língua. No seu ensaio, Franchi (1987:39) assevera com razão que o aluno

> pode comparar substantivos, adjetivos, advérbios ("rapidez", "rápido", "rapidamente"), não porque se lhe dão critérios de descoberta ou definições, mas porque opera efetivamente com eles na construção e transformação das orações.

De modo que, no jogo de construção e reconstrução dos textos, o aluno, sem necessitar de um conhecimento maior e mais sofisticado de noções e classificações gramaticais, mas recorrendo à sua intuição em relação à língua, vai, aos poucos, percebendo aspectos importantes da sua "ossatura gramatical", na expressão de Mattoso Câmara. Haverá, pois, sempre nos textos dos alunos, como nos selecionados pelo professor, não somente uma prática linguística, mas matéria suscetível de ser aproveitada com vistas ao desenvolvimento da descrição gramatical, que tem como escopo, já se salientou, estudar a variedade dos recursos que o sistema da língua oferece aos usuários. Esta variedade de recursos pode pertencer a uma mesma língua funcional ou a línguas funcionais distintas, ainda que a descrição mesma deva ser sempre de uma língua funcional, dada a sua significativa homogeneidade. Mas o ensino não pode deixar de reportar-se a outras variedades da língua, que não a culta formal, a começar pela dos alunos ao ingressarem na escola.

Se um texto de aluno contiver uma frase como *A professora é muito simpática com seus alunos*, pode-se tratar da ideia superlativa nela expressa, pedindo que a turma colabore, mencionando o uso de outras formas alternativas para manifestar a mesma ideia. Ocorrerão, então, certamente, frases como *A professora é simpaticíssima com seus alunos*, *A professora é mais do que simpática com seus alunos*, *A professora é extremamente simpática com seus alunos*, *A professora é ultrassimpática (supersimpática...) com seus alunos*, *A professora é tão simpática com seus alunos!*, *Como é simpática a professora com seus alunos!*, *A professora é por demais simpática com seus alunos*, entre outras. De sorte que, desta maneira, já se estará mostrando à turma, ainda das primeiras séries do ensino fundamental, alguns dos recursos que a língua tem para expressar o superlativo. Há, evidentemente, entre as frases arroladas, certas diferenças de sentido (a ideia de intensidade é mais forte em uma do que em outras) e também diferenças de estilos de língua ou registros (*A professora é mais do que simpática com seus alunos* é de um nível mais formal do que *A professora é ultrassimpática ou supersimpática com seus alunos*).

Um outro aspecto fundamental da descrição linguística é que as unidades situadas no nível da língua possuem um valor básico, ou invariante, um significado, que vai proporcionar, em princípio, diversos valores textuais, e não o contrário. O diminutivo, por exemplo, tem como função geral, ou significado, a de diminuição intrínseca, como em *saleta* ou *chuvisco*. É esta função que irá poder explicar todos os valores expressivos que os diminutivos venham a adquirir nos textos. A função expressiva (subjetiva) deles pode ser mesmo mais frequente nos textos e até, se se quiser, mais importante, mas não é a função básica dos diminutivos no nível da língua. Como lembra Coseriu (1977: 170), não há uma função subjetiva essencial, mas muitas e diferentes, segundo os contextos. Num outro conto de Clarice Lispector ("Uma esperança"), ao referir-se à esperança, como inseto, ela fala em "burrinha" e "esqueletinho verde", servindo aí os sufixos para abrandar a noção algo grosseira contida nos radicais destas duas palavras. Não podem também essas funções textuais explicar-se umas às outras. Se é fácil associar-se a ideia de carinho, que transparece nas formas diminutivas das bases léxicas de *pai* ou *mãe*, como poderia um diminutivo que expressa carinho (se tal fosse o seu valor de língua) expressar, em outros textos, ironia, aversão ou desprezo? Assim, o valor subjetivo é sempre um valor contextual, um sentido, e não um valor opositivo de língua, ou seja, um significado. Sobre a distinção entre significado e sentido, desenvolver-se-á mais adiante.

    O terceiro plano referente ao estudo gramatical, consoante ainda a tricotomia coseriana, é o da análise, situado no nível do saber expressivo, ou do texto. Sustento, ao lado não só de linguistas contemporâneos, mas também de alguns cujas obras ou ensaios já se acham afastados de nós pelo tempo, que a análise deve constituir a atividade fundamental das aulas de gramática (Piccardo, 1956: 17). Expressa o linguista uruguaio:

> No se trata, desde luego, del análisis tradicional, ejercício casi mecánico, que consiste en poner debajo de cada palabra o locución el término gramatical que la encasilla según su forma o función, y que, si bien resulta útil como medio de comprobación, es insuficiente. El verdadero análisis debe conducir gradualmente a conocer la actividad del espiritu y las relaciones entre las formas y seus contenidos.

Pela análise tradicional, em orações como "A menina tem dez anos" e "A menina tem o livro", a preocupação dominante seria (ou é ainda?) classificatória, indagando-se, por exemplo, o tipo de predicado ocorrente nas duas estruturas. Talvez nenhum comentário ou pergunta sobre os sentidos distintos de *ter*, em razão da natureza diferente dos complementos "dez anos" e "o livro". Já numa oração do tipo "Quer calar-se?", será uma observação redutora se contentar em falar em oração interrogativa, quando o relevante, no caso, é chamar a atenção para o valor textual ou o conteúdo imperativo da estrutura, com a forma de presente do verbo *querer* precedendo a do infinitivo mais a entoação interrogativa, dando margem assim para evidenciar que a língua oferece ainda muitos outros meios para exprimir uma ordem.

Sintetizando sua posição de valorização do estudo da língua no nível da análise, Piccardo (1956: 17) conclui:

> El análisis no debe deterse en el reconocimiento de las formas; detrás de ellas buscará los contenidos conceptuales, volitivos, afectivos, fantasísticos; todo lo que la expresión

comunica, lo que con ella se quiere, lo que traduce del sentir del hablante y de suas representaciones imaginativas.

Assim como a distinção entre os três planos da linguagem delimitados por Coseriu (o do falar em geral, o da língua e o do texto) se aplica a disciplinas parciais, como a gramática, esta distinção alcança uma importância imprescindível quando aplicada aos "tipos" de conteúdo linguístico. De acordo com o nível da linguagem, os estratos semânticos de significar são (Coseriu, 1980: 99): a designação, referência à realidade, relação entre uma expressão linguística e um "estado de coisas", reporta-se à linguagem em geral; o significado, conteúdo de um signo enquanto dado numa determinada língua, reporta-se a uma língua; o sentido, conteúdo próprio de um texto, o que o texto exprime através da designação e do significado, reporta-se, pois, ao texto.

Para o ensino da gramática, no concernente aos estratos semânticos, é importante ressaltar certos pontos como os seguintes: considerar que há significados distintos (nível da língua) que se reportam a uma mesma designação ou realidade extralinguística, como no caso das vozes verbais ativa e passiva (assim, ao dizermos *A plateia aplaudiu demoradamente o concertista* e *O concertista foi aplaudido demoradamente pela plateia*, os significados são distintos — são vozes verbais distintas —, mas a designação é a mesma. O mesmo se dá com as várias formas para denotar ordem; em "Cala a boca", "Silêncio!" e "Marchar!", temos significados diferentes que se reportam também a uma mesma designação. No caso, não só significados lexicais diferentes (o que é óbvio), mas também significados gramaticais distintos, pois em *cala* se tem uma forma verbal na segunda pessoa do singular do modo imperativo, em *silêncio*, um nome, e em *marchar*, também uma forma verbal, mas em outro modo, o infinitivo. Já em formas diversas, por exemplo, de diminutivo (*cãozinho, livreco, casebre, artiguete* e tantas outras), o significado é o mesmo, a designação, o "estado de coisas" referido, também. O valor subjetivo (de ironia, desprezo, carinho, etc.) será sempre um valor contextual, de modo que ele pode apenas se diferençar no nível do texto, na expressão já de sentidos ou acepções textuais, e não de significados distintos. Outros exemplos análogos podem ser mencionados, como o dos tempos verbais. O presente e o imperfeito do indicativo podem atestar vários sentidos, em suas ocorrências textuais, mas todos os dois apresentam uma função invariante no nível da língua, vale dizer, um significado. O presente, por exemplo, serve para enunciar um fato atual, que ocorre no momento em que se fala (é o seu significado), não obstante poder assumir sentidos diversos na variedade de textos em que é usado (presente durativo, presente frequentativo, presente histórico, entre outros).

A distinção entre significado e sentido é fundamental na interlocução linguística e no ensino da língua.

Mesmo no dia a dia, nas pilhérias, por exemplo, as palavras, além do significado (que está registrado no dicionário) que têm no enunciado, têm, no texto, um sentido particular para poderem ser compreendidas. A pilhéria é, na verdade, um sentido, como no texto literário o recurso ao jogo fônico funciona, frequentemente, como recurso de ênfase semântica, como um recurso, pois, de construção de sentido textual, como nestes dois versos de Drummond (*in* Correia, 2002: 19):

> Viste as diferentes cores dos homens,
> as diferentes dores dos homens

Aliás, como imaginar o estudo da palavra poética, sem considerarmos a distinção entre significado (nível da língua, dos dicionários e das gramáticas descritivas) e sentido (nível do texto)?

Atualmente, muitos são os linguistas que vêm centrando os seus estudos no texto, na construção textual dos sentidos, como Koch (1997, 2002 e 2006), por exemplo. Contrariamente, contamos com poucas gramáticas descritivas, havendo mesmo menor interesse da comunidade acadêmica por tais gramáticas. Já se disse que a análise gramatical é a atividade fundamental nas aulas de gramática. Deve-se, em meu juízo, partir-se da análise para a síntese (descrição), desde que a análise seja uma abertura que vá permitindo ver os recursos, linguísticos e extralinguísticos (como a situacionalidade, a intencionalidade, entre estes últimos), de que nos costumamos valer para exteriorizar o conteúdo de nossa consciência, ao mesmo tempo que seja o caminho para o aluno alcançar um esboço razoável do sistema gramatical da língua.

Assim, o ensino gramatical, ao longo do processo escolar, não deve ficar restrito ao nível da análise. O nível da descrição não pode ficar ausente para, paulatinamente, se tentar vislumbrar a estrutura da língua, a visão abrangente de como se pode jogar com as entidades e processos que dela fazem parte. Mesmo o nível da teoria tem seu lugar no ensino, se ficarem claros os seus objetivos mais modestos. Neves, em ensaio publicado em 2000 (*in* Azeredo, p. 73), ao concluí-lo, parece limitar o ensino da gramática à análise, que, no meu parecer, se apresenta como o nível de estudo de uma gramática de usos.

> [...] concluo minhas reflexões, dizendo o que me parece uma série de obviedades, mas que, pelo que vem ocorrendo, merece observação:
> – que estudar gramática é refletir sobre o uso linguístico, sobre o exercício da linguagem;
> – que o lugar de observação desse uso são os produtos que temos disponíveis – falados e escritos – mas é, também, a própria atividade linguística de que participamos, isto é, a produção e a recepção, afinal, a interação;
> – que, afinal, a gramática rege a produção de sentido.

Não se pode negar que o nosso ensino confunde por vezes a descrição (o como se pode combinar as unidades da língua) com a análise do uso (o como se costuma combinar tais unidades). Assim, ante duas estruturas com as mesmas palavras, mas dispostas em ordem diferente, em contextos distintos, como "O vizinho matou um parente, mas foi em legítima defesa" e "Foi em legítima defesa, mas o vizinho matou um parente", em princípio, igual classificação mereceriam, no ensino, as orações introduzidas pelo *mas*: coordenada sindética adversativa. Estaremos aí no nível da língua, do que preceitua a gramática, no nível do significado, que seria, pois, o mesmo. No entanto, são enunciados diferentes, que têm estruturação semântica oposta, porque os pontos de vista argumentativos são opostos; logo, como se está no nível do texto, cabe uma análise gramatical plena, não mecanizada, que apreenda o intento, o sentir dos falantes, de maneira a distinguir acepções textuais ou sentidos diversos: há uma ideia de atenuação na oração introduzida pelo primeiro *mas*, que não ocorre com a segunda, o que deve ser explicitado quando da análise das duas ocorrências textuais.

Para análises gramaticais, a *Gramática de usos do português* (Neves, 1999) é extremamente útil, pois cada palavra figura em um número expressivo de contextos. Consultem-se, por exemplo, as numerosas páginas dedicadas às preposições introdutoras de argumentos (603-718) ou o estudo destinado às diferentes conjunções (739-929).

Detenhamo-nos, agora, em uma crônica de Fernando Sabino, selecionando alguns casos interessantes para análise gramatical que este texto apresenta, não como um modelo a seguir, mas procurando privilegiar comentários que passariam despercebidos da maioria dos manuais didáticos nossos.

Eis o texto da crônica:

AMOR DE PASSARINHO

Amar um passarinho é coisa louca.
Carlos Drummond de Andrade

Desde que mandei colocar na minha janela uns vasos de gerânio, eles começaram a aparecer. Dependurei ali um bebedouro, desses para beija-flor, mas são de outra espécie os que aparecem todas as manhãs e se fartam de água açucarada, na maior algazarra. Pude observar então que um deles só vem quando os demais já se foram.

Vem todas as manhãs. Sei que é ele e não outro por um pormenor que o distingue dos demais: só tem uma perna. Não é todo dia que costuma aparecer mais de um passarinho com uma perna só.

Este é de uma família designada pelo vulgo por um nome chulo que não lhe faz justiça: caga-sebinho. Segundo o dicionário, trata-se de uma "ave passeriforme de coloração verde-azeitonada em cima e amarela embaixo". Na realidade, é uma graça, o meu passarinho perneta.

Ao pousar, equilibra-se sem dificuldade na única perna, batendo as asas e deixando à mostra, em lugar da outra, apenas um cotozinho. É de se ver as suas passarinhices no peitoril da janela, ou a saltitar de galho em galho, entre os gerânios, como se estivesse fazendo bonito para mim. Às vezes se atreve a passar voando pelo meu nariz e vai-se embora pela outra janela.

Outro dia o mencionei numa conversa com Otto Lara Resende, pelo telefone, justamente no instante do seu show matinal. Apesar de ter alma de passarinho, o Otto não acreditou em sua existência, preferindo concluir que eu já estivesse bebendo àquela hora da manhã. E passou a formular sugestões chocarreiras, como a de fazermos para ele uma muletinha de pau de fósforo.

Enquanto escrevo, ele acaba de chegar. Paro um pouco e fico a olhá-lo. Acostumado a ser observado por mim, já está perdendo a cerimônia. Finge que não me vê, beberica um pouco a sua aguinha, dá um pulo para lá, outro para cá, esvoaça sobre um gerânio, volta ao bebedouro, apoiando-se num galho. Mas agora acaba de chegar outro que, prevalecendo-se da superioridade que lhe conferem as duas pernas, em vez de confraternizar, expulsa o pernetinha a bicadas, e passa a beber da sua água. A um canto da janela, meio jururu, ele fica aguardando os acontecimentos, enquanto eu enxoto o seu atrevido semelhante. Quer dizer que até entre eles predomina a lei do mais forte! De novo senhor absoluto da janela, meu amiguinho volta a bebericar e depois vai embora, não sem me fazer uma reverência de agradecimento.

Não tenho a pretensão de entender de passarinhos — assunto da competência de Rubem Braga, o sabiá da crônica. Não me arrisco a dedicar uma nem mesmo a este que me aparece a cada manhã, com seu casaquinho verde e colete amarelo, passarinhando alegre no parapeito. Às vezes tenho a impressão de que tudo que ele faz é para atrair minha atenção e me distrair do trabalho, a dizer que deixe de me afligir com palavras e de me sentir incompleto como se me faltasse uma perna: passe a viver como ele, é tão fácil, basta sacudir as asas e sair voando pela janela.

Chamei-o de amiguinho, e entendo agora por que Jayme Ovalle, que chegou a ficar noivo de uma pomba, dizia que Deus era Poeta, sendo o passarinho o mais perfeito soneto de Sua Criação. Com sua única perninha, este é o meu pequenino e sofrido companheiro, a me ensinar que a vida é boa e vale a pena, é possível ser feliz.

Desde então muita coisa aconteceu. Para começar, a comprovação de que não era amiguinho e sim amiguinha — segundo me informou o jardineiro: responsável pelos gerânios e pelo bebedouro, seu Lourival entende de muitas coisas, e também do sexo dos passarinhos.

A prova de que era fêmea estava no companheiro que arranjou e com quem logo começou a aparecer. Este, um pouco maior e mais empombadinho, tomava conta dela, afastando os concorrentes. E os dois ficavam de brincadeira um com o outro, de cá para lá, ou mesmo de namoro, esfregando as cabecinhas. Às vezes ela se afastava desses afagos, voava em minha direção e se detinha no ar a um metro de minha cabeça, agitando as asas, para em seguida partir feito uma seta janela afora. Não sei o que procurava exprimir com o ritual dessa proeza de colibri. Alguma mensagem de amor, em código de passarinho? Talvez não mais que um recado prosaico, vou ali e volto já.

E assim a Pernetinha, como se tornou conhecida entre os meus amigos — alguns chegaram a conhecê-la pessoalmente —, não passou mais um só dia sem aparecer. Mesmo durante minhas viagens continuou vindo, segundo seu Lourival, que se encarrega de manter cheio o bebedouro na minha ausência.

Só de uns dias para cá deixou de vir. Fiquei apreensivo, pois a última vez que veio foi num dia de chuva, estava toda molhada, as peninhas do peito arrepiadas. Talvez tivesse adoecido. Não sei se passarinho pega gripe ou morre de pneumonia. Segundo me esclareceu Rubem Braga, o sádico, costuma morrer é de gato. Ainda mais sendo perneta.

Hoje pela manhã conversei com o jardineiro sobre a minha apreensão: vários dias sem aparecer! Ele tirou o boné, coçou a cabeça, e acabou contando o que vinha escondendo de mim, uma pequena tragédia.

Debaixo do bebedouro fica um prato fundo, de plástico, para aparar a água que os passarinhos deixam respingar — mesmo os bem-educados como a Pernetinha. Numa dessas

95 manhãs, ele a encontrou caída no fundo do prato, as penas presas num resto pegajoso de água com açúcar. Provavelmente perdeu o equilíbrio, tombou ali dentro e não conseguiu mais se desprender com a única perninha.

Compungido, seu Lourival preferiu não me contar
100 nada, porque me viu triste com a morte do poeta, Carlos também meu amigo.

Naquele mesmo dia.

(Fernando Sabino. *A volta por cima*. 8ª ed. Rio de Janeiro: Record, 2001, p. 16-19)

- Linhas 14-15: "Na realidade, é uma graça, o meu passarinho perneta."

O estudo da ordem não tem merecido destaque nos nossos manuais, ficando restrito mais à colocação dos pronomes oblíquos átonos, num enfoque normativo, às "figuras" relacionadas com a colocação, como hipérbato ou anástrofe, à colocação do adjetivo no sintagma nominal e a uma ou outra observação do tipo: em "terminada a festa", dá-se a posposição do sujeito por se tratar de oração participial.

Na frase do texto de Sabino, o autor alcança alta expressividade, com o atributo "uma graça", não só pela sua anteposição, mas também pela pontuação, com a vírgula depois de "uma graça", que separa, realçando, o termo atributo. Seria o caso de confrontar a ordem da frase do texto com a ordem corriqueira "Na realidade, o meu passarinho perneta é uma graça", para mostrar aos alunos o quanto a frase perderia em emoção, em manifestação de encantamento. Na verdade, teríamos duas frases com sentidos diversos: uma, toda emoção, outra, uma mera constatação. Na análise gramatical tradicional, a frase em foco talvez fosse apenas pretexto para se indagar a função sintática de "uma graça".

- Linhas 18-19: "É de se ver as suas passarinhices no peitoril da janela (...)"

"Passarinhices" não é forma dicionarizada, mas de formação legítima (tolice, velhice) e de grande efeito expressivo, pois traduz mais especificamente o modo de agir do pássaro, com o sufixo -*ice* ligado ao próprio radical de *pássaro*. Aqui, seria também o caso de confrontar a forma do texto com peraltices, traquinagens, ou outras palavras de valor meramente descritivo. Percebe-se, assim, como o método dos confrontos pode ser eficaz.

- Linhas 32-33: "Finge que não me vê, beberica um pouco a sua aguinha (...)"

Nesta passagem, chama a atenção a forma diminutiva "aguinha", cujo sentido refere-se à pouca quantidade. É interessante que há no trecho outra forma jogando com "aguinha", que é "beberica", na verdade, também com valor diminutivo: beber em pequenos goles. O narrador seleciona formas que traduzem o seu carinho, a sua delicadeza com o passarinho.

- Linha 43: "(...) não sem me fazer uma reverência de agradecimento."

Aqui tem-se uma estrutura com duas palavras negativas *não* e *sem*, mas que traduz uma ação efetivamente praticada, equivalente a "não deixando de fazer uma reverência..." ou a "antes me fazendo uma reverência...", esta explicitando mais claramente a ideia de anterioridade, pois o trecho anterior ao citado diz: "meu amiguinho volta a bebericar e depois vai embora, não sem..."

- Linha 48: "(...) passarinhando alegre no parapeito."

De novo, o autor se vale de uma forma não dicionarizada, acrescentando ao radical de *pássaro* o sufixo verbal de gerúndio. Antes, se valeu de um nome inusitado ("passarinhices"), agora recorre a um verbo ("passarinhando"), com que traduz também uma ação mais especificamente praticada pelo *passarinho*. Para sentir o alto valor expressivo de "passarinhando", basta que confrontemos tal forma, por exemplo, a "saltitando" ("saltitando alegre no parapeito").

- Linhas 63-64: "(...) seu Lourival entende de muitas coisas, e também do sexo dos passarinhos."

Um ótimo exemplo para mostrar a força expressiva da vírgula. Ela separa e, assim, destaca, realça a expressão "e também do sexo dos passarinhos". A ausência de uma forma verbal dá maior densidade semântica ao trecho destacado. Confrontando: "seu Lourival entende de muitas coisas, e também sabe sobre o sexo dos passarinhos". Como se perderia em força expressiva, recorrendo a uma estrutura sintática corriqueira, habitual!

- Linha 77: "E assim a Pernetinha, como se tornou conhecida (...)"

O emprego da inicial maiúscula se dá depois que o passarinho adquiriu identidade própria, com a definição do seu sexo, e o uso do diminutivo tem no texto o sentido de carinho (pelo passarinho), manifestado em toda a narrativa.

- Linhas 85-87: "Não sei se passarinho pega gripe ou morre de pneumonia. Segundo me esclareceu Rubem Braga, o sádico, costuma morrer é de gato."

Chama a atenção do leitor, neste trecho, o jogo entre as expressões "morre de pneumonia" e "costuma morrer é de gato". Esta última, atribuída a Rubem Braga, tem um sentido de brincadeira, realçada pela oposição, com a primeira. O narrador joga expressivamente um nome de doença com um nome de animal, combinados com o mesmo verbo, como possíveis causadores da morte do passarinho.

- Linha 87: "Ainda mais sendo perneta."

A expressividade da frase é acentuada por ocorrer como período simples no texto, realçando mais a característica física marcante do pássaro. Se integrasse o período anterior, estruturação perfeitamente possível, este realce de muito se enfraqueceria. De toda conveniência, uma vez que aprender uma língua é aprender novos modos de dizer, é estimular o aluno a substituir a oração comentada por outra equivalente no contexto, como "mesmo sendo perneta".

- Linha 91: "(...) uma pequena tragédia."

De novo, o uso da vírgula, e mais a ausência de verbo, para dar maior densidade semântica aos nomes da expressão.

- Linha 99: "Compungido, seu Lourival (...)"

A colocação do adjetivo, em início de período, separado do termo de referência ("seu Lourival"), lhe atribui grande força expressiva, realçando o estado emocional do narrador. Confronte-se com esta outra possibilidade de estruturação sintática: Seu Lourival, compungido..., caso em que a força expressiva recairia no sujeito.

- Linha 102: "Naquele mesmo dia."

A última frase do texto não poderia ser mais concisa: três palavras, nenhum verbo. Esta frase que finaliza a crônica mostra-se perfeitamente adequada à situação de tristeza, de consternação, entre os dois interlocutores, vivida a partir dos três parágrafos anteriores. É quase como se o silêncio entre os dois personagens encerrasse a crônica.

Muitos outros comentários poderiam ser feitos. Quis-se apenas apresentar alguns que diferem da análise gramatical mais habitual em nossos manuais didáticos. Pouco se valeu da metalinguagem, apenas utilizando-a como elemento de referência; não houve preocupação classificatória de palavras, de funções sintáticas e de orações, que são os itens gramaticais mais enfatizados pelo ensino. Não me coloco contra tais classificações, desde que não sejam o elemento prioritário da análise de um texto e se evite a mecanização delas, procurando apreender o real valor das palavras e construções no contexto em que ocorrem. Assim, no início da crônica de Sabino, lemos: "Desde que mandei colocar na minha janela uns vasos de gerânio, eles começaram a aparecer." A classificação da primeira oração do período tradicionalmente é: subordinada adverbial de tempo. Mas é importante que, nesta análise, se acrescente que a oração em foco traduz um momento preciso, o início de uma ação (a partir do momento em que...), sentido que se relaciona com "eles *começaram* a aparecer". O emprego, por exemplo, do *quando* não seria tão adequado para a construção do sentido desta oração temporal.

Não há dúvida, ante os comentários feitos com base na crônica de Sabino, de que a gramática, como análise gramatical, colabora, em muitas ocorrências, para a depreensão do sentido textual. A gramática não deve, pois, constituir um conteúdo ou uma disciplina autônoma no ensino da língua, e sim relacionar-se frequentemente com a produção e a compreensão textual. Tal orientação não significa, contudo, que se perca de vista o objetivo próprio de uma aula de leitura ou de uma aula de gramática. Numa aula de leitura, o objetivo é a apreensão do sentido textual, ao passo que, numa aula de gramática, o objetivo, quando se trata da análise de um texto já comentado, é, na verdade, o estudo de certos recursos utilizados para o alcance do sentido visado, como os comentários feitos sobre a crônica de Sabino evidenciaram, ao se tratar de recursos como a ordem das palavras, a pontuação, a formação de palavras, a ausência de forma verbal numa frase nominal.

Falando de análise gramatical, não poderíamos deixar de falar da análise sintática, cujo valor no ensino da língua, durante algumas décadas do século passado, foi hegemônico, o principal conteúdo das aulas de Língua Portuguesa, com várias obras publicadas sobre ela, algumas por autores de

8. Os diversos planos da gramática e o ensino

reconhecida competência no magistério da língua, como, para citar as que conheço melhor: Nascentes (1920), Rocha Lima (1943), Melo (1953), Bechara (1960) e Kury (1961), todas elas tendo alcançado várias edições. Mattoso Câmara chegou a condenar o caráter "absorvente" da análise sintática no limiar dos anos 1960:

> O defeito de tal atitude está no caráter "absorvente", que leva a se desprezar tudo mais em matéria de língua e a se imaginar que a análise da frase é um estudo que se basta a si mesmo, que não depende de outros e que além dele não há mais nada que mereça estudo na língua materna. (1960: 107)

Pode-se dizer, então, que a análise sintática era considerada como um fim e não como um meio no ensino da língua. Saber português era, em grande parte, dominar os percalços da análise sintática, exigida nos vestibulares e concursos públicos. Havia ainda o problema das desavenças de classificação entre as gramáticas, levadas, às vezes, para a sala de aula. Neves (1990), em pesquisa já aludida, consultados os cadernos dos alunos, constata que "o predomínio [no ensino da língua] é de exercitação da 'análise sintática': reconhecimento e classificação dos termos da oração e das orações no período". Não se pode, contudo, deixar de reconhecer que, de uns anos para cá, a análise sintática vem sendo menos exigida nos vestibulares e concursos públicos. O predomínio da análise sintática favoreceu a ênfase dada à metalinguagem, a certa mecanização taxionômica, levando os alunos a classificarem, por exemplo, as orações adverbiais pela mera memorização dos conectivos.

O que se deve indagar é se a análise sintática tem sua validade para aquela finalidade única do ensino da língua: ensinar a realizar com eficácia a atividade linguística. Ela pode ser, no estudo de um texto, que é portador de uma mensagem global, "uma espécie de operação de desmontagem do pensamento aí contido, para analisar as suas fases (isto é, as suas partes) e a sua disposição e entrosamento" (Carvalho, 1969: 218).

Com razão, diz Melo (1967: 17-18) "que quem entende o que ouve ou o que lê, analisa". Analisa espontaneamente, claro, devendo, então, "transportar para a consciência reflexa essa análise global e instantânea, que se chama inteligência da frase". É de importância acessória que o leitor domine a nomenclatura, os predicados verbo-nominais, o predicativo do objeto, a oração completiva nominal ou a adverbial modal e tantos outros termos, que podem e devem vir a ser aprendidos sim, mas depois, em outro momento, e sempre após a compreensão dos textos escolhidos para a análise.

Eis dois exemplos ilustrativos com que conduziria a análise sintática, extraídos de duas crônicas de Affonso Romano de Sant'Anna:

> Há algum tempo estava eu num aeroporto desses da vida e cometi o ato trivial de dirigir-me ao banheiro para passar uma água no rosto, escovar os dentes, porque essa vida de mascate da cultura nos leva de pouso em pouso pousando pouco. (1977: 169)

Neste primeiro texto, havendo, talvez, apenas a necessidade de se esclarecer ao aluno o valor significativo de "essa vida de mascate da cultura", a mensagem global do texto, a "operação de desmontagem do pensamento aí contido", em suas distintas partes, parece clara: a presença de alguém em um aeroporto, a sua ida ao banheiro, que procura justificar. A análise destas partes do pensamento aparecem dispostas e entrosadas sem maior dificuldade para quem lê com atenção. Tem-se, assim, de início, uma oração independente ("Há algum tempo estava eu num aeroporto desses da vida"), a que se segue outra encadeada ("e cometi o ato trivial"), através do *e*. Em continuidade, o texto esclarece uma outra parte essencial do período, qual seja "o ato trivial" executado a que se faz referência: o "de dirigir-me ao banheiro". Portanto, esta última oração já não aparece encadeada à anterior, antes ocorre aí um processo de hierarquização, em que o enlace entre as orações é bem mais estreito do que no encadeamento. A oração "de dirigir-me ao banheiro" é dependente (há hierarquização) da anterior, por isso a esta se costuma chamar de principal, ao mesmo tempo que está encadeada, como se disse, à primeira oração do período. Uma outra fase da mensagem textual é a de esclarecer a finalidade do "dirigir-me ao banheiro", razão do emprego da preposição *para*: "para passar uma água no rosto, escovar os dentes". Note-se que aqui se têm também duas orações encadeadas, mas justapostas, ou seja, sem a presença de um conector. Estas duas orações são nitidamente dependentes da anterior e equivalentes entre si. Por fim, o texto esclarece a razão habitual de "dirigir-me ao banheiro" em aeroportos, através de uma oração ("porque essa vida de mascate da cultura nos leva de pouso em pouso"), dependente da "dirigir-me ao banheiro", que se torna principal em relação a ela, embora dependente da anterior. A oração final do texto ("pousando pouco") é dependente, por sua vez, de "nos leva" da oração anterior, equivalente a um advérbio como *brevemente*. Logo, uma oração pode estar encadeada a uma outra, na estruturação de um período, e ser, ao mesmo tempo, principal em relação a uma terceira; também uma oração dependente não fica impossibilitada de ser principal de uma outra.

Procurou-se, assim, em relação a este breve texto, mostrar apenas como ele se estrutura em orações. Não nos valemos de nomenclatura complicada e, seguindo a orientação preconizada por Garcia (1967: 50-51), em obra notavelmente pioneira no estudo do texto, partiu-se das ideias centrais do texto para as formas oracionais que as expressam, da noção para a expressão.

Creio que o fundamental, ao se iniciar o estudo da análise sintática na escola, é, em termos de orações, ir enfatizando o fato mais importante: como elas se organizam no período, através de que formas ou estruturas elas traduzem as ideias expressas. Assim, procurar observar, primeiramente, se duas orações são encadeadas, se há paralelismo entre elas, ou se, ao contrário, há um processo de hierarquização entre elas, por isso mesmo se falar em oração principal, neste caso, quando uma é dependente de outra. A nomenclatura, em que tanto insiste o nosso ensino, vai aparecendo gradualmente, depois da compreensão da rede de relações que tornam possível a existência do período: orações sindéticas ou assindéticas, substantivas, adjetivas ou adverbiais, desenvolvidas ou reduzidas, e tanto mais. O aluno que vier a saber, de início, que, por exemplo, uma oração tem ou não a mesma função de outra, estará pavimentando um caminho de fundamentação mais consistente para o estudo da análise sintática do que aquele que, na presença de um *desde que*, tenha de falar logo, precocemente, em oração subordinada adverbial (desenvolvida) temporal. Até hoje, a análise sintática me é útil, sem recorrer mais frequentemente à nomenclatura, quando estou produzindo, por exemplo, um texto escrito, testando o papel de uma oração no período, ou mesmo identificando e corrigindo eventuais falhas de desempenho.

Agora, o segundo texto extraído de uma outra crônica de Affonso Romano de Sant'Anna:

> A sensação é de que as gerações são como atores que ocupam um determinado palco, por certo tempo, e são logo substituídos por outros atores ou outra geração que aparecerão naquele cenário com o ar de que pretendiam ficar ali para sempre e com a pretensão implícita de que os personagens das cenas anteriores apenas preparavam a cena que eles, os atuais, representam. (1997: 185)

O texto não parece apresentar dificuldades para a compreensão de sua mensagem global. Detenhamo-nos agora no entrosamento de algumas funções sintáticas que colaboram com a organização do período. O conteúdo central está na comparação entre o suceder das gerações e dos atores expressa logo através de "de que as gerações são como atores", comparação que perpassa por todo o texto. O termo *atores* aparece caracterizado por dois termos, representados por estruturas oracionais encadeadas ("que ocupam um determinado palco, por certo tempo, e são logo substituídos por outros atores ou outra geração"). Fica claro, assim, que uma função sintática (no caso, a de caracterizadora de um nome) pode ser representada por uma oração. Observe-se que o autor, ao optar por uma estrutura de voz ativa, em "como atores que ocupam um determinado palco", tinha a intenção de representar a ação na perspectiva da ação mesma e do agente que a realiza, enquanto em "são logo substituídos por outros atores ou outra geração", já opta pelo paciente, com o intuito de colocar o evento sob a perspectiva do que se faz e não de quem faz. Em todas as outras ocorrências, a escolha foi por enfatizar a ação ("pretendiam ficar", "preparavam a cena" e "representam"). Portanto, prevalece neste texto a perspectiva da ação e do agente que a realiza, o que explica a maior frequência da voz ativa. Tem-se, nesta perspectiva, o estudo das vozes verbais, com as suas formas entrosadas com a construção do sentido textual. Note-se ainda que a ação expressa em "aparecerão" vem acompanhada de dois modificadores verbais ("naquele cenário" e "com o ar"), da mesma maneira que "pretendiam ficar" aparece modificado por "ali para sempre" e "com a pretensão implícita". Já tanto "com o ar" quanto "com a pretensão implícita" requerem caracterizadores concernentes a um nome ("de que pretendiam ficar ali para sempre" e "de que os personagens das cenas anteriores apenas", respectivamente), considerados também como estrutura oracional. Por fim, o termo *cena* tem ainda um caracterizador oracional ("que eles, os atuais, representam"). Eis, com efeito, um período em que as funções sintáticas são muitas vezes representadas por estruturas oracionais. É também importante evidenciar que a noção de encadeamento ou paralelismo está presente, quer entre orações ("que ocupam um determinado palco, por certo tempo, e são logo substituídos..."), quer entre palavras ou locuções ("por outros atores ou outra geração"), assinaladas as presenças de *e* e *ou*.

Continuamos a não nos valer de nomenclatura mais complexa, como adjunto adnominal ou agente da passiva, por exemplo, tendo em vista certa fase de escolaridade, e intentou-se ainda relacionar conteúdo e forma, como no caso das vozes verbais. No que concerne à nomenclatura, insistimos em que ela vá sendo apresentada gradativamente. Numa primeira fase, o estudante, orientado pelo professor, deve procurar compreender bem certas noções fundamentais como os processos de as palavras e orações estarem encadeadas (coordenação) ou haver entre elas hierarquia ou dependência (subordinação) e como a oração basicamente se estrutura, com a presença obrigatória de uma forma verbal, referida ou não a uma forma nominal ou pronominal ("de que os personagens das cenas anteriores apenas preparavam a cena", "que eles, os atuais, representam", "Há algum tempo", este último exemplo presente na primeira crônica de Santana de que aqui se valeu). As classificações dos predicados, complementos (ou objetos) e adjuntos, das orações coordenadas e subordinadas, desenvolvidas ou reduzidas, podem aparecer quando os alunos já revelarem entendimento do que leem, através de uma leitura em que realmente revelem apreensão, se indagados, das relações existentes no âmbito oracional e das que se estabelecem entre as orações do período.

De qualquer modo, ainda de validade o que Garcia (1967: 5), na Advertência de sua obra, enfatiza, contra a supervalorização de um ensino da língua identificado com o ensino da análise sintática, talvez, nos dias atuais, não tanto:

> O que deveria ser um instrumento de trabalho, um meio eficaz de aprendizagem, passou a ser um fim em si mesmo. Ora, ninguém estuda a língua só para saber o nome, quase sempre rebarbativo, de todos os componentes da frase.

9. Criatividade e gramática

Sabemos que não são poucos os estudiosos da linguagem que consideram a gramática, a gramática normativa, sobretudo como ela é ensinada, de modo absolutista e em exercícios em que estão em jogo mais classificações e nomenclatura, cerceadora da atividade linguística e, portanto, sem utilidade para um domínio mais flexível, particularmente da escrita. Considerada, no entanto, antes, como um saber que todo falante possui em alto grau de perfeição, que se manifesta em seus atos verbais, e, depois, como a descrição (que pode ter uma intenção normativa) deste saber, o ensino da gramática é importante se visar à ampliação do conhecimento reflexivo do já sabido e do aprendido. Desta maneira, não há como não relacionar a gramática com a produção e a compreensão do texto.

Assim, dentro desta orientação, a gramática não pode opor-se à criatividade, ideia esta que perpassa não só pelo mundo leigo mas também por certa parcela do mundo dos profissionais do ensino.

Em seu ensaio, intitulado justamente "Criatividade e gramática", Franchi (1987), além de não restringir a gramática a "um livro de etiquetas", traça uma trajetória histórica do conceito de criatividade, encarecendo a necessidade de ampliar o seu conceito. Diz ele, o que considero essencial para a orientação do professorado:

> Ela (a criatividade) não pode limitar-se ao comportamento original, à inspiração e ao desvio. Há muita criatividade na loucura e na esquizofrenia, mas também se cria quando se seguem regras históricas e sociais como as regras da linguagem. Há criatividade nas manifestações individuais e divergentes, mas também no esforço coletivo, comunicado, no diálogo com os outros que garante o exercício significativo da linguagem. (p. 43)

Deste modo, se minha fala se mostra adequada ao meu interlocutor, ao tema de que se trata, às circunstâncias da interação verbal, é porque escolhi também os recursos gramaticais esperados; logo, soube ser criativo, valer-me da criatividade, pois alcancei a eficácia comunicativa, o sucesso em minha atividade linguística, que é, afinal, o que se espera, idealmente, de todo falante.

Liberto de conceitos redutores de gramática e criatividade, pode, então, o professor, partindo da análise gramatical dos recursos utilizados nos textos mais variados, até o de uma simples manchete de jornal, contribuir, gradativamente, para a ampliação dos meios expressivos de seus alunos, de modo a virem eles a alcançar uma compreensão aceitável da estrutura e funcionamento de sua língua. A gramática tem, pois, um papel importante no ensino da língua, se bem fundamentados os princípios e caminhos a trilhar.

Para outras reflexões

- BECHARA, Evanildo. *Ensino da gramática. Opressão? Liberdade?* São Paulo: Ática, 1985 (Série Princípios).
Obra mais abrangente, que não se detém apenas no ensino da gramática, mas no ensino da língua. É, na verdade, um conjunto de pequenos artigos que tratam desde a chamada crise do idioma até o ensino de Língua Portuguesa nos cursos universitários. Especial ênfase é dedicada ao conceito de educação linguística.

- COSERIU, Eugenio. *Lições de linguística geral.* Tradução de Evanildo Bechara. Rio de Janeiro: Ao Livro Técnico, 1980.
Uma das obras importantes da vastíssima produção acadêmica do linguista romeno quanto à apresentação de pontos essenciais de sua ideologia sobre a linguagem. Particularmente úteis os capítulos 10 ("Criatividade linguística"

e "Os três níveis de linguagem"), 11 ("Língua funcional") e 12 ("Sistema, norma e falar concreto").

- FRANCHI, Carlos. Criatividade e gramática. *Trabalhos de linguística aplicada*, Campinas: UNICAMP, 9, 5-45, 1987.

Artigo em que o autor, primeiro, reflete cuidadosamente sobre o conceito de criatividade, combatendo uma visão parcial dela e tornando-a mais eficaz na ação pedagógica, para, depois, ao tratar da gramática, tentar substituir os aspectos negativos, que já têm sido reiterados à farta sobre o seu ensino, por indicações mais positivas, em que se apresenta mesmo como condição de criatividade nos processos comunicativos (leitura e produção textual).

- FRANCHI, Eglê. *E as crianças eram difíceis*: a redação na escola. São Paulo: Martins Fontes, 1984.

Obra em que a autora relata a experiência pedagógica que teve com uma turma de 3ª série do ensino fundamental, numa escola situada próxima à cidade de Campinas (SP). O relato se centra na preocupação da professora com o desenvolvimento da expressão escrita dos seus alunos, partindo do dialeto das crianças e aguçando-lhes, assim, a sensibilidade para diferentes usos da linguagem, realçado o prestígio social de cada um deles.

- GARCIA, Othon Moacir. *Comunicação em prosa moderna*: aprenda a escrever, aprendendo a pensar. Rio de Janeiro: Fundação Getúlio Vargas, 1967.

Obra pioneira entre nós em vários pontos. Enfatize-se o tratamento dedicado ao texto (parágrafo, tipos de composição, quando focaliza, então, a argumentação...) e uma outra orientação para o estudo e o ensino da análise sintática (na indicação das circunstâncias, por exemplo). As várias edições que esta obra alcançou mostram a sua validade atual. Há, ao final, a proposição de numerosos exercícios.

- HALLIDAY, M.A.K. et al. *As ciências linguísticas e o ensino de línguas*. Tradução de Myriam Freire Morau. Petrópolis: Vozes, 1974.

Obra clássica, dos anos 1960, de há muito traduzida para o português, mas que continua sendo de leitura útil, sobretudo os capítulos 4 ("Os usuários e os usos da língua") e 6 ("O estudo da língua materna"), em que se detêm nos três tipos de ensino de línguas que reconhecem: o prescritivo, o descritivo e o produtivo.

- NEVES, Maria Helena de Moura. *Gramática na escola*. São Paulo: Contexto, 1990.

De particular interesse a primeira parte desta obra: "a situação do ensino da gramática nas escolas". Trata-se de relato de pesquisa com 170 professores de Língua Portuguesa da rede oficial de quatro cidades do Estado de São Paulo. Os professores foram submetidos a dois instrumentos de avaliação: questionários e entrevistas. A pesquisa é bem abrangente, cobrindo indagações desde "o para quê do ensino da gramática" ou "o que é ensinado" ao papel do livro didático na escola.

- NEVES, Maria Helena de Moura. *Guia de usos do português*: confrontando regras e usos. São Paulo: UNESP, 2003.

  Obra elaborada em forma de verbetes — com base num *corpus* de oitenta milhões de ocorrências do português escrito contemporâneo do Brasil, documentadas em textos diversos — para ser consultada ante algum tipo de dificuldade na formulação de um enunciado. Torna-se particularmente útil a sua consulta no cotejo com a norma que as gramáticas normativas fixaram para o uso de certas palavras e construções.

- POSSENTI, Sírio. *Por que (não) ensinar gramática na escola*. Campinas, SP: ALB: Mercado de Letras, 1996.

  Obra em que o autor não se restringe ao debate de se ensinar ou não gramática na escola. Na primeira parte, trata do ensino da língua em geral, valendo-se de alguns fundamentos linguísticos essenciais. Na segunda parte, tece considerações sobre os conceitos de gramática, regras, língua e erro, sempre atento à utilização deles no ensino do vernáculo.

- TRAVAGLIA, Luiz Carlos. *Gramática e interação*: uma proposta para o ensino de gramática no 1º e 2º graus. São Paulo: Cortez, 1996.

  Obra que se mostra particularmente útil em sua Parte 2, na qual o autor focaliza "O ensino da gramática", sobretudo pelos exemplos, em geral, muitos sugestivos que apresenta, com vista à atividade da análise gramatical, quando visa à finalidade de distinguir sentidos.

Referências bibliográficas

AISSEN, Judith e KEYSER, Samuel. Gramática. In: *Enciclopédia Einaudi*, v. 2: Linguagem − Enunciação. Lisboa: Imprensa Nacional − Casa da Moeda, 1984, p. 208-250.

ALVES, José Hélder Pinheiro. Abordagem do poema: roteiro de um desencontro. In: Angela Paiva Dionísio e Maria Auxiliadora (orgs.). *O livro didático de português*. Rio de Janeiro: Lucerna, 2003, p. 62-74.

AZEREDO, José Carlos de. *Fundamentos de gramática do português*. Rio de Janeiro: Zahar, 2000.

BARROS, Luiz Martins Monteiro de. A dimensão metafórica da criatividade linguística. In: Marina Cezar, Terezinha Bittencourt e Luiz Martins Monteiro de Barros (orgs.). *Entre as fronteiras da linguagem*. Textos em homenagem ao prof. Carlos Eduardo Falcão Uchôa. Rio de Janeiro: Lidador, 2006, p. 33-58.

BECHARA, Evanildo. *Lições de português pela análise sintática.* 10ª ed. Rio de Janeiro: Grifo, 1976.

_____. *Ensino da gramática. Opressão? Liberdade?* São Paulo: Ática, 1985.

_____. *Moderna gramática portuguesa.* 37ª ed. revista e ampliada. Rio de Janeiro: Lucerna, 1999.

BITTENCOURT, Terezinha da Fonseca Passos. Oralidade, escrita e mídia: o meio e a mensagem. In: Marina Cezar, Terezinha Bittencourt e Luiz Martins Monteiro de Barros (orgs.). *Entre as fronteiras da linguagem.* Textos em homenagem ao prof. Carlos Eduardo Falcão Uchôa. Rio de Janeiro: Lidador, 2006, p. 89-104.

BORBA, Francisco da Silva (org.). *Dicionário gramatical de verbos do português contemporâneo do Brasil.* São Paulo: UNESP, 1990.

BORTONI-RICARDO, Stella Maris. *Nós chegamu na escola, e agora?*: sociolinguística e educação. São Paulo: Parábola, 2005.

CÂMARA JR., Joaquim Mattoso. Nomenclatura gramatical. In: Carlos Eduardo Falcão Uchôa (org.). *Dispersos de J. Mattoso Câmara Jr.* Nova edição revista e ampliada. Rio de Janeiro: Lucerna, 2004, p. 101-112. Edição original: 1960.

_____. *Manual de expressão oral e escrita.* Rio de Janeiro: Ozon, 1961.

_____. Os estudos da língua portuguesa em Portugal e no Brasil. In: *Actas, Informaciones y Comunicaciones*, El Simposio de Bloomington, Instituto Caro y Cuervo, Bogotá, 1967, p. 154-65.

_____. Intervenções e discussão do texto de Aryon D. Rodrigues "Problemas relativos à descrição do português contemporâneo como língua-padrão no Brasil". *In: Actas* (I Simpósio Luso-Brasileiro sobre a Língua Portuguesa Contemporânea). Coimbra: Coimbra Editora, 1968.

_____. Os estudos do português no Brasil. In: Carlos Eduardo Falcão Uchôa (org.). *Dispersos de J. Mattoso Câmara Jr.* Nova edição revista e ampliada. Rio de Janeiro: Lucerna, 2004, p. 231-258. Edição original: 1969.

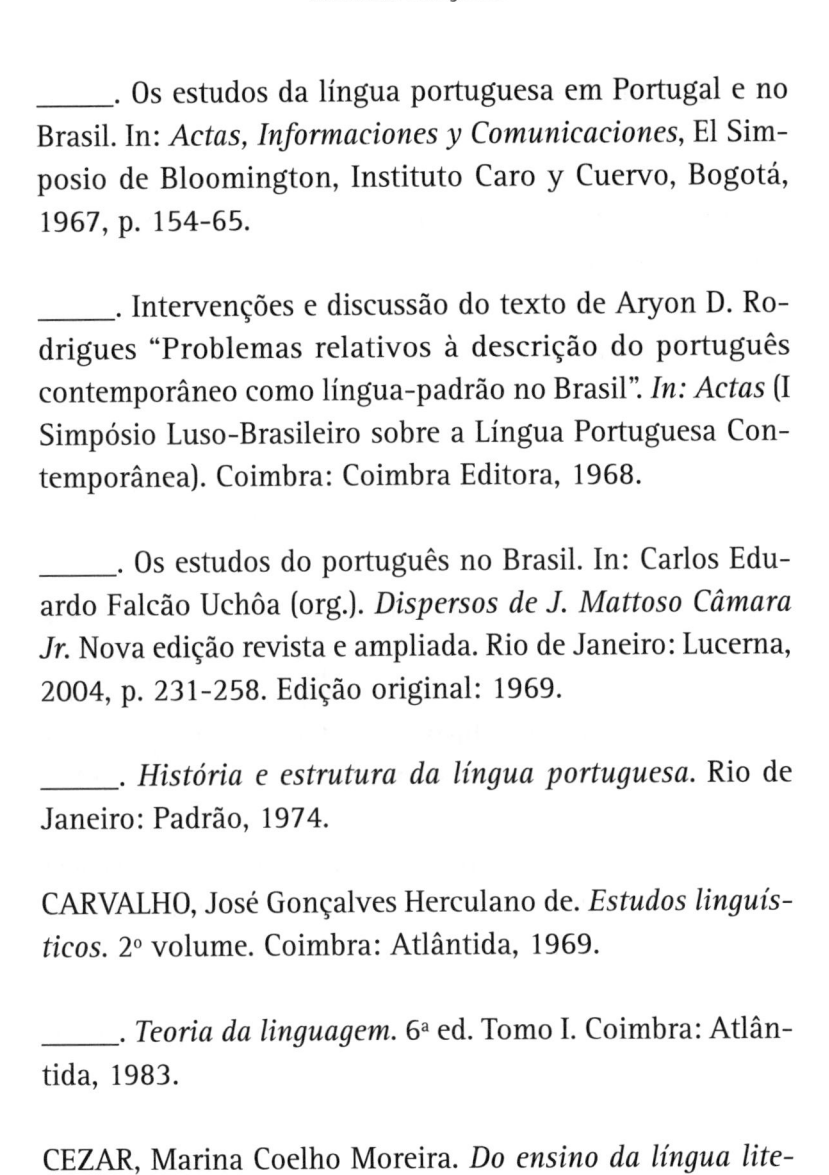

_____. *História e estrutura da língua portuguesa*. Rio de Janeiro: Padrão, 1974.

CARVALHO, José Gonçalves Herculano de. *Estudos linguísticos*. 2º volume. Coimbra: Atlântida, 1969.

_____. *Teoria da linguagem*. 6ª ed. Tomo I. Coimbra: Atlântida, 1983.

CEZAR, Marina Coelho Moreira. *Do ensino da língua literária e do sentido*: reflexões, buscas e caminhos. Tese de doutorado. Niterói: UFF, 2007.

CORREIA, Marlene de Castro. *Drummond: a magia lúcida*. Rio de Janeiro: Zahar, 2002.

COSERIU, Eugenio. *El hombre y su lenguaje*: estudios de teoria y metologia linguística. Madrid: Gredos, 1977.

_____. *Gramática, semántica, universales*. Madrid: Gredos, 1978.

_____. *Lições de linguística geral*. Tradução de Evanildo Barbosa. Rio de Janeiro: Ao Livro Técnico, 1980.

_____. Sobre la enseñanza del idioma nacional: problemas, propuestas y perspectivas. In: *Philologia II*, Salamanca, 1989. O texto foi traduzido para o português por Evanildo Bechara. *Confluência*. Revista do Instituto de Língua Portuguesa. Rio de Janeiro: Liceu Literário Português, n. 23, p. 71-77, 2002.

_____. Do sentido de ensino da língua literária. *Confluência*. Revista do Instituto de Língua Portuguesa. Rio de Janeiro: Liceu Literário Português, n. 5, p. 29-47, 1993.

CUNHA, Celso. *Uma política do idioma*. Rio de Janeiro: Livraria São José, 1964.

_____. *Língua portuguesa e realidade brasileira*. Rio de Janeiro: Tempo Brasileiro, 1968.

_____. *A questão da norma culta brasileira*. Rio de Janeiro: Tempo Brasileiro, 1985.

CUNHA, Celso e CINTRA, Lindley. *Nova gramática do português contemporâneo*. Rio de Janeiro: Nova Fronteira, 1985 (7ª ed. Lexikon, 2016).

ELIA, Sílvio. *Pedagogia e ensino da língua*. V Encontro Nacional da Língua Portuguesa. Porto Alegre, 45-55, 1984.

FRANCHI, Carlos. Criatividade e gramática. *Trabalhos de linguística aplicada*. Campinas: UNICAMP, n. 9, p. 5-45, 1987.

FRANCHI, Eglê. *E as crianças eram difíceis*: a redação na escola. 3ª ed. São Paulo: Martins Fontes, 1984.

GARCIA, Othon Moacir. *Comunicação em prosa moderna*: aprenda a escrever, aprendendo a pensar. Rio de Janeiro: Fundação Getúlio Vargas, 1967.

GERALDI, João Wanderley. *Portos de passagem*. São Paulo: Martins Fontes, 1991.

_____. Escrita, uso da escrita e avaliação. In: João Wanderley Geraldi (org.). *O texto na sala de aula*. São Paulo: Ática, 1997, p. 127-131.

HALLIDAY, M.A.K. et al. *As ciências linguísticas e o ensino de línguas*. Tradução de Myriam Freire Morau. Petrópolis: Vozes, 1974.

HAUY, Amini Boainain. *Da necessidade de uma gramática-padrão da língua portuguesa*. São Paulo: Ática, 1983.

KOCH, Ingedore Villaça. *A coesão textual*. São Paulo: Contexto, 1989.

_____. *O texto e a construção dos sentidos*. São Paulo: Contexto, 1997.

_____. *Desvendando os segredos do texto*. São Paulo: Cortez, 2002.

KOCH, Ingedore Villaça e ELIAS, Vanda Maria. *Ler e compreender*: os sentidos do texto. São Paulo: Contexto, 2006.

KURY, Adriano da Gama. *Lições de análise sintática* (teoria e prática). 2ª ed. melhorada e aumentada. Rio de Janeiro: Fundo de Cultura, 1963.

LANGACKER, Ronald W. *A linguagem e sua estrutura*: alguns conceitos fundamentais. Petrópolis: Vozes, 1972.

LAPA, M. Rodrigues. *Estilística da língua portuguesa*. 3ª ed. revista e aumentada. Rio de Janeiro: Acadêmica, 1959.

LEMLE, Miriam. Heterogeneidade dialetal: um apelo à pesquisa. In: *Linguística e ensino do vernáculo*. Rio de Janeiro: Tempo Brasileiro, 1978, p. 53-54, 60-94.

LIMA, Rocha. *Teoria da análise sintática*. 3ª ed. Rio de Janeiro: Acquarone-Cuñarro-Salaberry, 1956.

_____. *Gramática normativa da língua portuguesa.* 31ª ed. retocada e enriquecida. Rio de Janeiro: José Olympio, 1992.

LUFT, Celso Pedro. *Língua e liberdade* (o gigolô das palavras): por uma nova concepção da língua materna. 2ª ed. Porto Alegre: L&PM, 1985.

_____. *Dicionário prático de regência verbal.* São Paulo: Ática, 1987.

_____. *Dicionário prático de regência nominal.* São Paulo: Ática, 1992.

MATEUS, Maria Helena Mira *et al. Gramática da língua portuguesa.* Coimbra: Almedina, 1983.

MELO, Gladstone Chaves de. *Novo manual de análise sintática.* 3ª ed. revista e melhorada. Rio de Janeiro: Acadêmica, 1967.

_____. *Gramática fundamental da língua portuguesa.* Rio de Janeiro: Acadêmica, 1968.

NASCENTES, Antenor. *Método prático de análise lógica.* Rio de Janeiro: Ed. Drummond, 1920. A 19ª traz novo título: *Método prático de análise sintática,* 1959.

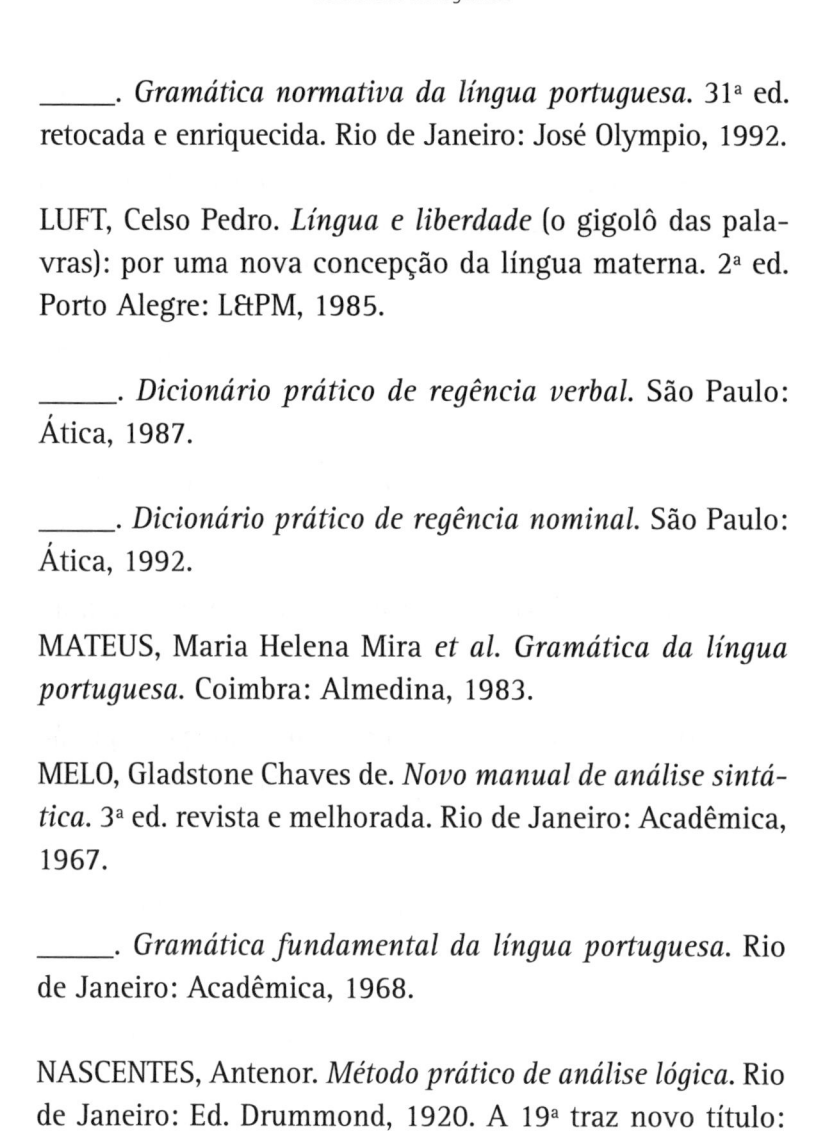

NEVES, Maria Helena de Moura. *Gramática na escola.* São Paulo: Contexto, 1990.

_____. *Gramática de usos do português.* São Paulo: UNESP, 1999.

_____. A gramática: conhecimento e ensino. In: José Carlos de Azeredo (org.). *Língua portuguesa em debate*: conhecimento e ensino. Petrópolis: Vozes, 2000, p. 52-73.

_____. *A gramática*: história, teoria e análise, ensino. São Paulo: UNESP, 2001.

_____. *Guia de uso do português*: confrontando regras e usos. São Paulo: UNESP, 2003.

_____. *Que gramática estudar na escola?* Norma e uso na língua portuguesa. São Paulo: Contexto, 2004.

PAGLIARO, Antonino. *A vida do sinal.* Tradução e prefácio de Anibal Pinto de Castro. Lisboa: Fundação Calouste Gulbenkian, 1967.

PERINI, Mário A. *Para uma nova gramática do português.* São Paulo: Ática, 1985.

_____. *Gramática descritiva do português.* São Paulo: Ática, 1995.

_____. *Sofrendo a gramática.* São Paulo: Ática, 1997.

PICCARDO, Luis Juan. Gramática y enseñanza. *Anales del Instituto de Professores 'Artigas'.* Montevideo, nº 1, año 1, 3-23, 1956.

POSSENTI, Sírio. *Por que (não) ensinar gramática na escola.* Campinas: ALB: Mercado de Letras, 1996.

PRETI, Dino. *Estudos de língua oral e escrita.* Rio de Janeiro: Lucerna, 2004 (Série *Dispersos*).

ROSEMBLAT, Angel. El criterio de corrección linguística: unidad o pluralidad de normas en español de España y América. In: *Actas, Informaciones y Comunicaciones. El Simposio de Bloomington.* Bogotá: Instituto Caro y Cuervo, 1967, p. 113-153.

SANT'ANNA, Affonso Romano. *A vida por viver.* Rio de Janeiro: Rocco, 1997.

SANTOS, Carlos Alberto dos. *Produção textual induzida: é possível?* Uma experiência em escola pública supletiva de 1º grau. Dissertação de Mestrado. Niterói: UFF, 1997.

TRAVAGLIA, Luiz Carlos. *Gramática e interação*: uma proposta para o ensino de gramática no 1º e 2º graus. São Paulo: Cortez, 1996.

_____. *Gramática*: ensino plural. São Paulo: Cortez, 2003.

UCHÔA, Carlos Eduardo Falcão. Resenha da 1ª edição da Moderna gramática portuguesa de Evanildo Bechara. *Humanismo e Pedagogia.* Revista da Faculdade de Filosofia, Ciências e Letras da UEG, Rio de Janeiro, ano I, 167-173, 1963.

_____. *A norma linguística.* Tese de livre-docência. Niterói, 1974.

_____. Texto e ensino: análise da variação linguística na narrativa literária. *Confluência.* Revista do Instituto de Língua Portuguesa. Rio de Janeiro: Liceu Literário Português, n. 24, p. 83-97, 2002.

_____. *Dispersos de J. Mattoso Câmara Jr.* Organizado por Carlos Eduardo Falcão Uchôa. Nova edição revista e ampliada. Rio de Janeiro: Lucerna, 2004.

VAL, Maria da Graça Costa. *Redação e textualidade.* São Paulo: Martins Fontes, 1991.

VILELA, Mário e KOCH, Ingedore Villaça. *Gramática da língua portuguesa.* Gramática da palavra. Gramática da frase. Gramática do texto/discurso. Coimbra: Almedina, 2001.

Sobre o autor

CARLOS EDUARDO FALCÃO UCHÔA

Professor Emérito e Professor Titular de Linguística da Universidade Federal Fluminense. Criou no programa de pós-graduação em Letras da UFF a linha de pesquisa Linguística e Ensino de Português. Membro fundador da Associação Brasileira de Linguística (ABRALIN) e membro titular da Academia Brasileira de Filologia (ABRAFIL). Coordenador da coleção Linguística e Filologia. Em 2006, foi homenageado com a miscelânea *Entre as fronteiras da linguagem*.

Além de vários livros, escreveu numerosos artigos, em diversos periódicos e miscelâneas. Foi organizador dos *Dispersos de J. Mattoso Câmara Jr.*, em nova edição revista e ampliada, de 2004, autor de *A linguística e o ensino de português* (1991), *O ensino de gramática: caminhos e descaminhos* (2007), com que alcançou o Prêmio Francisco Alves da Academia Brasileira de Letras, *A linguagem: teoria, ensino e historiografia* (2008), *Sobre o ensino da análise sintática: história e redirecionamento* (2010), selecionado pelo PNBE do Professor, MEC (2013). Em 2013, publicou, pelo Odisseia Editorial, seu primeiro livro de crônicas *A vida e o tempo em tom de conversa*.

Conheça outras obras do autor

- Odisseia Editorial

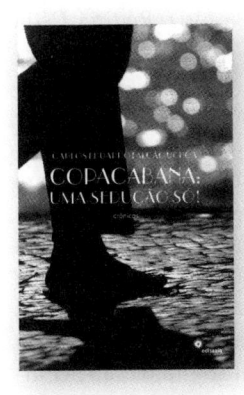

Copacabana: uma sedução só!

E não é que o nosso professor de Linguística gostou de trilhar os caminhos da crônica? Ei-lo aqui de volta, neste segundo livro, com o mesmo olhar alerta, com o mesmo tom de conversa, com a mesma desenvoltura, mas com uma pitada maior de expressões populares que devem ter deixado a sisuda Linguística de testa franzida... Imaginem a reação dela ao ler "coroa", "amassos", "brega", "balancês", etc.
Em suas andanças por Copacabana, a sensibilidade do autor o faz observar peculiaridades em pessoas e fatos com que se depara e em que reconhece "potencial" para uma crônica.

A vida e o tempo em tom de conversa

O leitor encontrará nas páginas deste livro: uma fina sensibilidade de um observador que registra, com a emoção de olhos atentos, "em tom de conversa", a realidade que o abraça. Carlos Eduardo Falcão Uchôa nos lembra, com uma pitada de humor, de que a expressão da linguagem é submissa ao tempo, às situações de vida, às emoções dos falantes e à sensibilidade do observador.

Obras de referência LEXIKON

Nova gramática para concursos: praticando a língua portuguesa
Cilene da Cunha Pereira, Edila Vianna da Silva, Maria Aparecida Pauliukonis e Regina Célia Cabral Angelim

Um guia teórico e prático dirigido àqueles que pretendem ampliar seus conhecimentos gramaticais, especialmente aos que se preparam para concursos. Os conteúdos são apresentados sob forma de pequenos textos em que se explicam noções teóricas com uma rica exemplificação, seguidos de um elenco variado de exercícios e questões de concurso, a título de fixação da aprendizagem. Alguns subcapítulos são acompanhados da seção SAIBA MAIS, com o objetivo de aprofundar alguns conteúdos, e de um GLOSSÁRIO, em que se esclarecem os significados de termos empregados nas explicações. No final o livro apresenta o GABARITO.

**Dicionário analógico da língua portuguesa
Ideias afins/ thesaurus**
Francisco Ferreira dos Santos Azevedo

Sabemos muito bem que o vocabulário comum, adquirido e manejado no círculo de amizades e de trabalho, não nos basta, em determinadas ocasiões, para expressar exatamente o nosso pensamento. O contato com a gramática, com os dicionários é importante, mas precisamos recorrer a outras fontes quando queremos empregar palavras de uso comum para sermos perfeitamente compreendidos.
Este dicionário é um verdadeiro *thesaurus*, uma coleção de conceitos de grande importância e valor para quem escreve por gosto ou por ofício.

Dicionário etimológico da língua portuguesa
Antônio Geraldo da Cunha

Esta nova edição da já consagrada obra de Antônio Geraldo da Cunha, grande pesquisador da língua portuguesa, consolida o texto abrangente e preciso do autor e o reafirma como uma valiosa contribuição para o desenvolvimento da lexicografia portuguesa. Esta obra é notável pelo cuidado que foi dispensado ao estabelecimento de critérios metodológicos rígidos e coerentes para a estruturação dos verbetes e para a sua redação, que foi vazada numa linguagem tão simples, clara e objetiva quanto possível.

Dicionário de dificuldades da língua portuguesa
Domingos Paschoal Cegalla

Quem de nós, vez ou outra, não hesita diante da grafia ou da flexão de um vocábulo, da correta pronúncia de uma palavra, ou não é assaltado por dúvidas sobre concordância e regência verbal? Aqui está, pois, um dicionário fácil de compulsar e que dá pronta e satisfatória resposta ao consulente, no âmbito da fonologia, ortografia, morfologia e sintaxe. O *Dicionário de dificuldades* pretende ser um guia a indicar rumos certos, um mapa onde estão assinalados os obstáculos e as encruzilhadas diante dos quais tantas vezes param perplexos os usuários da língua portuguesa.

Este livro foi impresso no Rio de Janeiro em outubro de 2016,
pelo Grupo SmartPrinter para a Lexikon Editora.
A fonte usada no miolo é Rotis Serif com corpo 12/16.
O papel do miolo é 75 g/m² e o da capa é 250 g/m².